Hinter dem Sachregister befindet sich ein ausführliches Verzeichnis der

Guttentagschen Sammlung

Deutscher Reichs- und Preußischer Gesetze

— Textausgaben mit Anmerkungen; Taschenformat —,

die alle wichtigeren Gesetze in unbedingt zuverlässigem Abdruck und mit mustergültiger Erläuterung wiedergibt.

Guttentagsche Sammlung
von
Textausgaben ohne Anmerkungen mit Sachregister.

Einkommensteuer-, Körperschaftssteuer-, Kapitalertragsteuer- und Landessteuergesetz.

Textausgabe mit Einleitung, Berechnungstabelle für die Einkommensteuer, Vollzugsanweisung für die Kapitalertragsteuer und Sachregister.

Berlin und Leipzig 1920.
Vereinigung wissenschaftlicher Verleger
Walter de Gruyter & Co.
vormals G. J. Göschen'sche Verlagshandlung — J. Guttentag, Verlagsbuchhandlung — Georg Reimer — Karl J. Trübner — Veit & Comp.

Druck von A. W. Hayn's Erben, Potsdam.

Inhaltsübersicht.

	Seite
Einleitung	7
I. **Einkommensteuergesetz.**	
§ 1	11
Persönliche Steuerpflicht. §§ 2, 3	11
Steuerbares Einkommen. §§ 4—18	12
Steuertarif. §§ 19—28	25
Veranlagung. §§ 29, 30	34
Ermittlung des steuerbaren Einkommens. §§ 31—38	35
Steuererklärung. §§ 39, 40	41
Steuerbescheid. § 41	42
Entrichtung der Steuer §§ 42—52	42
Strafvorschriften. Übergangs= und Schlußvorschriften. §§ 53—60	46
Ia. **Musterberechnungen für Einkommensteuerpflichtige** .	51
II. **Körperschaftssteuergesetz.**	
Steuerpflicht. §§ 1, 2	55
Steuerbares Einkommen. §§ 3—10	60
Steuertarif. §§ 11—19	65
Veranlagung. §§ 20—25	69
Steuererklärung. §§ 26, 27	71
Steuerbescheid und Entrichtung der Steuer. §§ 28, 29	71
Straf= und Schlußvorschriften. §§ 30—34	72
III. **Kapitalertragsteuergesetz.**	
Steuerbare Kapitalerträge. §§ 1—5	74
Steuersatz. § 6	84
Steuerträger. §§ 7, 8	84
Steuerentrichtung und Haftung. § 9	84
Fälligkeit der Steuer. § 10	85
Zuständigkeit. § 11	86
Strafvorschrift. § 12	86
Übergangs= und Schlußvorschriften. §§ 13—18 . . .	86

Seite
IIIa. **Vorläufige Vollzugsanweisung** 88
Inkrafttreten des Gesetzes. **§ 1** 88
Steuerbare Kapitalerträge. **§ 2** 89
Nichtabzug der Schuldenzinsen. **§ 3** 92
Steuersatz. **§§ 4—5** 93
Abrundung. **§ 6** 93
Steuerentrichtung. **§ 7** 93
Befreiungen (§ 3 des Gesetzes). **§ 8** 96
Steuerfreiheit der vor dem 3. März 1920 eingelösten Zinsscheine, die spätestens am 1. April 1920 fällig werden. **§ 9** 98
Geltendmachung der Steuerfreiheit wegen Fehlens der subjektiven Steuerpflicht. **§ 10** 99
Versteuerung der Habenzinsen. **§§ 11—12** 99
IV. **Landessteuergesetz.**
I. Landessteuern und Gemeindeabgaben. **§§ 1—15** . 101
II. Beteiligung der Länder und Gemeinden am Ertrage von Reichssteuern.
1. Allgemeine Bestimmungen. **§ 16** 107
2. Einkommensteuer. **§§ 17—33** 107
3. Erbschaftsteuer. **§§ 34—36** 114
4. Grunderwerbsteuer. **§§ 37—40** 115
5. Umsatzsteuer. **§§ 41—43** 116
6. Verteilungsverfahren. **§§ 44—51** 118
III. Lastenverteilung. **§§ 52—55** 120
IV. Übergangs- und Schlußbestimmungen. **§§ 56—64** 121
Sachregister 128

Einleitung.

An die Stelle der Einkommensteuergesetze der deutschen Bundesstaaten (Länder) ist jetzt das **Reichseinkommensteuergesetz** getreten und bringt damit eine Vereinheitlichung der Einkommensteuersätze im ganzen Reich mit sich. Im Landessteuergesetz (§ 2) ist ausdrücklich bestimmt, daß die Inanspruchnahme von Steuern durch das Reich die Erhebung gleichartiger Steuern ausschließt und daß auch die Erhebung ähnlich gestalteter Steuern ausgeschlossen wird, wenn deren Erhebung geeignet ist, die Steuereinnahmen des Reiches zu schädigen. Also sind Einkommensteuern künftig nur in der im Reichseinkommensteuergesetze vorgesehenen Höhe zu zahlen, während Gewerbe- und Grundsteuern, auch als Ertragsteuern, künftig von den Ländern erhoben werden dürfen. Der Tarif des Einkommensteuergesetzes ist so gestaltet, daß kinderreiche Familien mit geringem Einkommen künftig steuerlich besser gestellt sein werden als früher, während mit der abnehmenden Zahl der Haushaltsangehörigen und mit zunehmendem Einkommen sich die steuerliche Belastung gegen früher für den einzelnen schwerer gestaltet. Dies kommt insbesondere dadurch zum Ausdruck, daß das steuerfreie Einkommenminimum von 1500 Mark sich erhöht, wenn der Steuerpflichtige mehrere Kinder zu versorgen hat. §§ 20 und 21 des Gesetzes geben darüber

Aufschluß; noch besseren Einblick gewährt die dieser Ausgabe unter Nr. Ia beigegebene Berechnungstabelle für die Einkommensteuer. Zu beachten ist, daß von den einmaligen Vermögensanfällen zumeist nur Kapitalabfindungen sozialer Natur nicht zum Einkommen gehören, wohl aber Lotteriegewinne und andere unregelmäßige Einnahmen (vgl. §§ 11 und 12 des Gesetzes).

Abgesehen von diesen wichtigsten Veränderungen gegen früher ist auch das Veranlagungsverfahren umgestaltet, und die in der Reichsabgabenordnung festgelegten allgemeinen steuerrechtlichen Grundsätze mußten hier für die Umgestaltung des Einkommensteuergesetzes von Einfluß werden. Wichtig und neu sind die Bestimmungen über die Ermittlung des steuerbaren Einkommens (§§ 31ff.) und namentlich die ganz neuartige Steuereinziehung durch den Arbeitgeber für seine Arbeitnehmer (§§ 45ff.). Für diese nicht ganz einfache Technik der Steuerabzüge vom Arbeitseinkommen sind noch Ausführungsbestimmungen zu erwarten.

Das Einkommensteuergesetz bezieht sich nur auf natürliche Personen. Die Einkommensteuerpflicht der juristischen Personen, der Gesellschaften, Genossenschaften und sonstiger Personenvereinigungen wird in dem ebenfalls in diesem Bande abgedruckten Körperschaftssteuergesetz geregelt. Durch diese tritt also bei den Erwerbsgesellschaften eine Steuerpflicht der Erwerbsgesellschaften als solcher neben die Einkommensteuerpflicht der einzelnen Personen, die ihr Einkommen aus der betreffenden Gesellschaft beziehen. Eine gewisse Doppelbesteuerung ist dadurch also gegeben. Offene Handelsgesellschaften und Kommanditgesellschaften fallen aber nicht unter das Körperschaftssteuergesetz.

Eine gewisse Ergänzung zu der Einkommenbesteuerung bildet die Kapitalertragsteuer. Diese ist ebenfalls durch ein besonderes Gesetz geregelt, das in diesem Bande abgedruckt ist. Sein Inhalt tritt insbesondere ergänzend und erweiternd zu der in § 8 des Einkommensteuergesetzes geregelten Besteuerung des Einkommens aus Kapitalvermögen. Daß die großen öffentlichen Körperschaften und gemeinnützigen Unternehmungen nach diesem Gesetz wie auch nach dem Körperschaftssteuergesetz Steuerfreiheit genießen, liegt auf der Hand. Interessant ist die ebenfalls in beiden Gesetzen festgelegte steuerliche Bevorzugung von Genossenschaften. Auch für dieses Gesetz sind Ausführungsbestimmungen besonders notwendig, da hier keine Veranlagung durch die Steuerbehörde stattfindet, vielmehr der Schuldner 10 % des Kapitalertrages für Rechnung des Gläubigers einbehalten und an das zuständige Finanzamt abführen soll.

Das ebenfalls in diesem Bande noch abgedruckte Landessteuergesetz bringt in seinen §§ 17—33 Bestimmungen über die Einkommensteuer und gehört insoweit mit zu dem Komplex der in diesem Bande zusammengefaßten neuen Gesetze. Es bezieht sich aber außerdem auch auf andere Steuerarten und stellt ein Gegenstück zu der Reichsabgabenordnung dar. Ist diese dazu bestimmt, das große allgemeine Gebäude der neuen Reichsbesteuerung zusammenzufügen und nach allen Seiten hin zu stützen, so ist das Landessteuergesetz dazu bestimmt, den Anteil, den die Länder und Gemeinden an diesem Bau und an dem Ertrag der Reichssteuer haben sollen, festzulegen. Außer den schon oben genannten den Ländern und Gemeinden empfohlenen

Steuerarten wird den Gemeinden (§ 12) sogar die Pflicht auferlegt, eine Vergnügungssteuer zu erheben. Eine gewisse Durchlöcherung des Verbots, eine Einkommensteuer zu erheben, ist im § 30 des Landessteuergesetzes ermöglicht, aber es bleibt natürlich fraglich, ob diese Möglichkeit praktisch werden wird.

Mit diesen Gesetzen ist nun die große Reichssteuerreform von 1919/20 fast abgeschlossen. Das neue Besitzsteuergesetz ist noch zu erwarten, dessen Entwurf bereits vorliegt.

I. Einkommensteuergesetz.

Vom 29. März 1920 (RGBl. S. 359).

Die verfassunggebende Deutsche Nationalversammlung hat das folgende Gesetz beschlossen, das mit Zustimmung des Reichsrats hiermit verkündet wird:

§ 1.

Von dem Einkommen der natürlichen Personen wird nach den Vorschriften dieses Gesetzes eine Einkommensteuer erhoben.

Persönliche Steuerpflicht.

§ 2.

Einkommensteuerpflichtig sind

I. mit ihrem gesamten Einkommen:

1. Deutsche, soweit sie sich nicht länger als zwei Jahre dauernd im Ausland aufhalten, ohne im Inland einen Wohnsitz zu haben.

Beamte des Reichs oder der Länder und Militärpersonen, die ihren dienstlichen Wohnsitz im Ausland haben, sowie die in ihren Diensten stehenden Deutschen sind ohne Rücksicht auf die Dauer ihres Aufenthalts im Ausland einkommensteuerpflichtig, soweit sie an ihrem ausländischen Wohnsitz nicht zu einer entsprechenden direkten Steuer herangezogen werden. Wahlkonsuln gelten nicht als Beamte im Sinne dieser Vorschrift;

2. Nichtdeutsche, wenn sie im Deutschen Reiche einen Wohnsitz oder des Erwerbes wegen oder länger als sechs Monate ihren gewöhnlichen Aufenthalt haben. Wird die Steuerpflicht durch einen Aufenthalt von mehr als sechs Monaten begründet, so erstreckt sich die Steuerpflicht auch auf die ersten sechs Monate;

II. mit ihrem Einkommen aus inländischem Grundbesitz, aus inländischem Gewerbebetrieb, aus einer im Inland ausgeübten Erwerbstätigkeit oder mit solchen regelmäßig wiederkehrenden Bezügen oder Unterstützungen, die aus inländischen öffentlichen Kassen mit Rücksicht auf eine gegenwärtige oder frühere Dienstleistung oder Berufstätigkeit gewährt werden:

alle natürlichen Personen ohne Rücksicht auf Staatsangehörigkeit, Wohnsitz oder Aufenthalt.

§ 3.

Von der Einkommensteuer sind Personen befreit, denen unter Wahrung der Gegenseitigkeit nach allgemeinen völkerrechtlichen Grundsätzen oder denen nach besonderen, mit anderen Staaten getroffenen Vereinbarungen ein Anspruch auf Befreiung von den persönlichen Steuern zusteht.

Steuerbares Einkommen.

§ 4.

Soweit in diesem Gesetze nichts anderes vorgeschrieben ist (§ 12), unterliegt der Steuer der

Gesamtbetrag der in Geld oder Geldeswert bestehenden Einkünfte nach Abzug der im § 13 genannten Beträge (steuerbares Einkommen).

§ 5.

Zum steuerbaren Einkommen gehören Einkünfte aus Grundbesitz, aus Gewerbebetrieb, aus Kapitalvermögen und aus Arbeit sowie sonstige Einnahmen ohne Rücksicht darauf, ob es sich um einmalige oder wiederkehrende Einkünfte handelt oder aus welchem rechtlichen oder tatsächlichen Grunde sie dem Steuerpflichtigen zugeflossen sind.

§ 6.

Zum Einkommen aus Grundbesitz gehören:

1. die Einkünfte aus Miete und Pacht für vermietete oder verpachtete Grundstücke und Gebäude oder Gebäudeteile;
2. der Wert der Nutzung einer Wohnung im eigenen Hause oder einer dem Steuerpflichtigen ganz oder zum Teil unentgeltlich überlassenen Wohnung einschließlich der zugehörigen sonstigen Räume, Gärten und Parkanlagen;
3. Einkünfte aus dem Betriebe der Land- und Forstwirtschaft und aus der sonstigen Bewirtschaftung von Grundstücken;
4. Einnahmen aus Grundrechten und Gefällen und aus solchen Berechtigungen, auf welche die Vorschriften des bürgerlichen Rechtes über Grundstücke Anwendung finden.

§ 7.

Zum Einkommen aus Gewerbebetrieb gehören:

1. Einnahmen aus gewerblichen oder bergbaulichen Unternehmungen;
2. bei persönlich haftenden Gesellschaftern einer Kommanditgesellschaft auf Aktien die Tantiemen und Vergütungen sowie die Gewinnanteile dieser Gesellschafter, welche auf ihre nicht auf das Grundkapital gemachten Einlagen entfallen;
3. bei Gesellschaftern einer offenen Handelsgesellschaft, einer Kommanditgesellschaft oder einer anderen Erwerbsgesellschaft, bei der der Gesellschafter als Unternehmer (Mitunternehmer) des Betriebs anzusehen ist, ihr Anteil am Geschäftsgewinne zuzüglich etwaiger besonderer Vergütungen, die der Gesellschafter für Mühewaltungen im Interesse der Gesellschaft für deren Rechnung bezogen hat.

§ 8.

Zum Einkommen aus Kapitalvermögen gehören:
1. Dividenden, Zinsen, Ausbeuten und sonstige Gewinne, welche entfallen auf Aktien, Kuxe, Genußscheine sowie auf Anteile an Kolonialgesellschaften, an bergbautreibenden Vereinigungen, welche die Rechte einer juristischen Person haben, an Genossenschaften und an Gesellschaften mit beschränkter Haftung;
2. Einkünfte aus der Beteiligung an einem Handelsgewerbe als stiller Gesellschafter;
3. Zinsen von Anleihen, die in öffentlichen Schuldbüchern eingetragen oder über die Teilschuldverschreibungen ausgegeben sind;

4. Zinsen aus Kapitalforderungen jeder Art einschließlich der Zinsen aus Einlagen und Guthaben bei Sparkassen, Banken und anderen Kreditanstalten;
5. Zinsen von Hypotheken und Grundschulden, Renten von Rentenschulden.

   Bei Tilgungshypotheken und Tilgungsgrundschulden gilt nur der Teil der Zahlung als Einkommen, der auf den jeweiligen Kapitalrest als Zins entrichtet wird.
6. vererbliche Rentenbezüge;
7. Diskontbeträge von Wechseln und Anweisungen einschließlich der Schatzwechsel, soweit es sich um Kapitalanlagen handelt.

Als Erträge aus Kapitalanlagen im Sinne des Abs. 1 gelten auch besondere Entgelte oder Vorteile, die neben Kapitalerträgen der im Abs. 1 genannten Art oder an deren Stelle gewährt werden.

Soweit Kapitalerträge der in Abs. 1 und 2 bezeichneten Art in einem land- oder forstwirtschaftlichen, gewerblichen oder bergbaulichen Betrieb anfallen, gelten sie als Einkommen aus dem Betriebe der Land- oder Forstwirtschaft oder aus Gewerbebetrieb.

§ 9.

Zum Einkommen aus Arbeit gehören:

1. Gehälter, Besoldungen, Löhne, Tantiemen, Gratifikationen oder unter sonstiger Benennung gewährte Bezüge und geldwerte Vorteile der in öffentlichem oder in privatem Dienste angestellten oder beschäftigten Personen (Arbeitslohn);

2. der Erwerb aus wissenschaftlicher, künstlerischer, schriftstellerischer, unterrichtender oder erziehender Tätigkeit, aus der Berufstätigkeit der Ärzte, Rechtsanwälte, Architekten, Ingenieure und der Ausübung anderer freier Berufe;
3. Wartegelder, Ruhegehälter, Witwen- und Waisenpensionen und andere Bezüge oder geldwerte Vorteile für frühere Dienstleistung oder Berufstätigkeit;
4. die Einnahmen aus einmaliger oder dauernder Tätigkeit jeder Art, insbesondere Vergütungen für Vermögensverwaltungen und für Vollstreckung von Testamenten, sowie Tantiemen und andere Vergütungen, welche den Mitgliedern der Verwaltung und des Aufsichtsrats von Aktiengesellschaften, Kommanditgesellschaften auf Aktien, Gesellschaften mit beschränkter Haftung, Genossenschaften und sonstigen Personenvereinigungen gewährt werden, bei denen der Steuerpflichtige nicht als Unternehmer (Mitunternehmer) anzusehen ist.

§ 10.

Als Einkünfte aus Grundbesitz, Gewerbebetrieb, Kapitalvermögen und Arbeit sind außer den in §§ 6—9 bezeichneten auch solche Einkünfte anzusehen, die nach der Verkehrsauffassung der einzelnen Einkommensart zuzurechnen sind.

§ 11.

Zu den sonstigen Einnahmen im Sinne des § 5 gehören insbesondere:

1. Leibrenten, Leibgedinge, Zeitrenten und andere unvererbliche Renten;
2. Zuschüsse und sonstige Vorteile, einerlei ob sie auf einem Rechtsanspruch oder ohne Bestehen eines solchen auf freiwilliger Zuwendung beruhen. Ist die Zuwendung freiwillig oder zur Erfüllung einer gesetzlichen Unterhaltspflicht erfolgt, so hat der Empfänger die Einnahme nicht zu versteuern, wenn der Geber zu den nach § 2 Nr. I steuerpflichtigen Personen gehört;
3. Entschädigungen, die als Ersatz für entgehende Einnahmen gewährt werden;
4. Lotteriegewinne und ähnliche außerordentliche Einnahmen;
5. durch einzelne Veräußerungsgeschäfte erzielte Gewinne.

§ 12.

Als steuerbares Einkommen gelten nicht:
1. einmalige Vermögensanfälle, die unter §§ 20, 40 des Erbschaftssteuergesetzes vom 10. September 1919 (Reichs-Gesetzbl. S. 1543) fallen, Ausstattungen und Aussteuern;
2. Kapitalempfänge auf Grund von Lebens-, Unfall- und sonstigen Kapitalversicherungen;
3. Kapitalabfindungen, die als Entschädigung für den durch Körperverletzung oder Krankheit herbeigeführten gänzlichen oder teilweisen Verlust der Erwerbsfähigkeit an den Steuerpflichtigen gezahlt wurden, sowie Kapitalabfindungen auf Grund der Reichsversicherung, der Militärversorgung und der Beamtenpensionsgesetze;

4. Kapitalabfindungen, die auf Grund der §§ 1298, 1299, 1300, 1712, 1714, 1715, 1716 des Bürgerlichen Gesetzbuchs bezahlt wurden;
5. Kapitalabfindungen, die dem Steuerpflichtigen als Entschädigung für die durch Unfall oder Verschulden eines Dritten erfolgte Tötung eines gegenüber dem Steuerpflichtigen Unterhaltsverpflichteten gezahlt wurden;
6. die auf Grund der Militärpensions- und -versorgungsgesetze bezogenen Verstümmelungs-, Kriegs-, Luftdienst-, Alters- und Tropenzulagen, Pensions- und Rentenerhöhungen, ferner die auf Grund des Kolonialbeamtengesetzes vom 8. Juni 1910 (Reichs-Gesetzbl. S. 881) bezogenen Tropenzulagen;
7. sonstige Versorgungsgebührnisse, die auf Grund einer infolge eines Krieges erlittenen Dienstbeschädigung bezogen werden, soweit sie zusammen mit den in Nr. 6 genannten Gebührnissen den Betrag von zweitausend Mark nicht übersteigen;
8. die Naturalbezüge der Angehörigen der Wehrmacht (Reichswehr und Reichsmarine);
9. die mit deutschen Kriegsdekorationen verbundenen Ehrensolde;
10. Bezüge des Steuerpflichtigen aus einer Krankenversicherung;
11. Bezüge aus öffentlichen Mitteln oder aus Mitteln einer öffentlichen Stiftung, die als Unterstützungen wegen Hilfsbedürftigkeit oder als Unterstützungen für Zwecke der Erziehung

oder Ausbildung, der Wissenschaft oder Kunst bewilligt sind;

12. Gewinne, die durch Veräußerung von Gegenständen erzielt worden sind, die nach § 8 des Besitzsteuergesetzes vom 3. Juli 1913 (Reichs-Gesetzbl. S. 524) zum nichtsteuerbaren Vermögen gehören, es sei denn, daß sie in der Absicht der Wiederveräußerung erworben worden sind;

13. Gewinne, die durch die Veräußerung von Grundstücken erzielt worden sind, es sei denn, daß die Grundstücke erst innerhalb der letzten zehn Jahre oder zum Zwecke der Wiederveräußerung erworben worden waren. Bei einem Erwerbe vor dem 1. August 1914 gilt die zehnjährige Frist als erfüllt.

Steuerfrei bleiben auch Gewinne, die erzielt werden aus der Veräußerung der sämtlichen Anteile einer Personenvereinigung (einer Aktiengesellschaft, Kommanditgesellschaft auf Aktien, Gesellschaft mit beschränkter Haftung, Gewerkschaft, offenen Handelsgesellschaft, Gesellschaft des bürgerlichen Rechtes, Genossenschaft usw.), deren Vermögen wesentlich aus Grundstücken besteht, sofern die sämtlichen Anteile seit dem 31. Dezember 1919 in der Hand des Steuerpflichtigen vereinigt waren, es sei denn, daß der Steuerpflichtige die Anteile der Personenvereinigung oder daß die Personenvereinigung die Grundstücke noch nicht zehn Jahre besessen oder sie zum Zwecke der Veräußerung erworben haben. Ehegatten sowie

Eltern und Kinder gelten im Sinne dieser Vorschrift als eine Person.

Den Grundstücken stehen Berechtigungen gleich, auf welche die Vorschriften des bürgerlichen Rechtes über Grundstücke Anwendung finden; ausgenommen sind unbewegliche Bergwerksanteile.

Bei einem Erwerb im Sinne der Nr. 1 wird die Besitzzeit des Rechtsvorgängers hinzugerechnet.

§ 13.

Vom Gesamtbetrage der Einkünfte sind, soweit in diesem Gesetze nichts anderes vorgeschrieben ist, in Abzug zu bringen:

1. die zu ihrer Erwerbung, Sicherung und Erhaltung gemachten Aufwendungen (Werbungskosten). Zu den Werbungskosten gehören auch:
   a) Ertragsteuern sowie solche öffentlichen Abgaben und Beiträge zur Versicherung von Gegenständen, welche zu den Geschäftsunkosten oder Verwaltungskosten zu rechnen sind,
   b) die jährlichen, den Verhältnissen entsprechenden Abschreibungen für Wertverminderung von Gebäuden, von Be- und Entwässerungs- und fischereiwirtschaftlichen Anlagen, von Maschinen und von beweglichem Betriebsinventare, soweit nicht die Kosten für die Ersatzbeschaffung als Werbungskosten in Abzug gebracht werden,
   c) bei Bergbauunternehmungen, Steinbrüchen und anderen einen Verbrauch der Substanz

bedingenden Betrieben die Abschreibungen für die Substanzverringerung,

d) notwendige Ausgaben, die dem Steuerpflichtigen durch Fahrten zwischen Wohnung und Arbeitsstätte erwachsen sind,

e) Mehraufwendungen für den Haushalt, die durch eine Erwerbstätigkeit der Ehefrau notwendig geworden sind;

2. die von dem Steuerpflichtigen gezahlten Schuldzinsen und die auf besonderem privatrechtlichen, öffentlich-rechtlichen oder gesetzlichen Verpflichtungsgrunde beruhenden Renten und dauernden Lasten, soweit sie nicht mit Einnahmen im wirtschaftlichen Zusammenhange stehen, die bei der Veranlagung außer Betracht zu lassen sind. Aufwendungen zur Erfüllung einer gesetzlichen Unterhaltspflicht sind nicht abzugsfähig, auch wenn sie auf Grund einer privatrechtlichen Verpflichtung erfolgen;

3. Beiträge, die der Steuerpflichtige für sich und seine nicht selbständig veranlagten Haushaltungsangehörigen zu Kranken-, Unfall-, Haftpflicht-, Angestellten-, Invaliden- und Erwerbslosenversicherungs-, Witwen-, Waisen- und Pensionskassen gezahlt hat, soweit sich der Gegenstand der Versicherung auf die bezeichneten Gefahren beschränkt;

4. Beiträge zu Sterbekassen bis zu einem Jahresbetrage von insgesamt hundert Mark;

5. Versicherungsprämien, welche für Versicherungen des Steuerpflichtigen oder eines seiner nicht selbständig veranlagten Haushaltungsangehöri-

gen auf den Todes- oder Lebensfall gezahlt werden, soweit sie den Betrag von sechshundert Mark jährlich nicht übersteigen;

6. Beiträge zu den öffentlich-rechtlichen Berufs- oder Wirtschaftsvertretungen sowie zu Berufsverbänden ohne öffentlich-rechtlichen Charakter, deren Zweck nicht auf einen wirtschaftlichen Geschäftsbetrieb gerichtet ist;
7. Beiträge an kulturfördernde, mildtätige, gemeinnützige und politische Vereinigungen, soweit ihr Gesamtbetrag zehn vom Hundert des Einkommens des Einkommensteuerpflichtigen nicht überschreitet;
8. bei einzelnen Veräußerungsgeschäften (§ 11 Nr. 5) erlittene Verluste, es sei denn, daß im Falle der gewinnbringenden Veräußerung der Gewinn nicht zum steuerbaren Einkommen gehören würde (§ 12 Nr. 12, 13).

Ist die persönliche Steuerpflicht nur nach § 2 Nr. II begründet, so ist der Abzug der Beiträge unter Nr. 3, 4 und 5 überhaupt nicht, der der übrigen im Abs. 1 genannten Aufwendungen nur insoweit statthaft, als sie mit dem steuerbaren Einkommen im wirtschaftlichen Zusammenhange stehen.

§ 14.

Als abzugsfähige Schuldzinsen (§ 13 Abs. 1 Nr. 2) gelten:

1. bei der Tilgungsrente (§ 31 Abs. 1 des Gesetzes über das Reichsnotopfer vom 31. Dezember 1919 — Reichs-Gesetzbl. S. 2189 —) fünf vom Hundert des ursprünglich geschuldeten oder nach

einer Teilzahlung verbliebenen Abgabebetrags, die sich nach zehn Jahren und weiter alle fünf Jahre um eins vom Hundert vermindern;

2. beim Reichsnotzins (§ 33 des bezeichneten Gesetzes) fünf vom Hundert des Abgabebetrags, die sich nach fünfzehn Jahren und weiter alle zehn Jahre um eins vom Hundert vermindern.

§ 15.

Vom Gesamtbetrage der Einkünfte dürfen insbesondere nicht in Abzug gebracht werden:

1. Aufwendungen zur Verbesserung und Vermehrung des Vermögens, zu Geschäftserweiterungen, zu Kapitalanlagen, zur Schuldentilgung oder zu Ersatzbeschaffungen, soweit hierfür bereits Werbungskosten abgesetzt sind;
2. Zinsen für das in dem land- oder forstwirtschaftlichen oder gewerblichen Betrieb angelegte eigene Vermögen des Steuerpflichtigen;
3. die zur Bestreitung des Haushalts des Steuerpflichtigen und zum Unterhalte seiner Familienangehörigen aufgewendeten Beträge;
4. die von den Steuerpflichtigen entrichtete Einkommensteuer sowie sonstige Personalsteuern.

§ 16.

Bei der Veranlagung zur Einkommensteuer wird das Einkommen der Ehegatten zusammengerechnet, sofern für beide Ehegatten die Voraussetzungen der persönlichen Steuerpflicht nach § 2 Nr. I erfüllt sind. Die Zusammenrechnung findet vom Beginne des auf die Eheschließung folgenden Rechnungsjahrs bis zum Ablauf des Rechnungsjahrs statt, in dem die Auflösung der Ehe erfolgt. Der Auflösung der Ehe steht die duernde Trennung der Ehegatten oder der Wegfall der Voraussetzungen der persönlichen Steuerpflicht eines oder beider Ehegatten nach § 2 Nr. I gleich.

Für die vermögensrechtlichen Beziehungen der Ehegatten untereinander gilt jeder Ehegatte als Schuldner des Abgabeteils, der nach den Verhältniszahlen berechnet wird, die sich ergeben, wenn jeder Ehegatte getrennt mit seinem Einkommen veranlagt worden wäre.

§ 17.

Bei der Veranlagung zur Einkommensteuer wird das Einkommen eines nach § 2 Nr. I steuerpflichtigen Haushaltungsvorstandes und seiner zu seiner Haushaltung zählenden minderjährigen Kinder zusammengerechnet, soweit es sich nicht um Arbeitseinkommen (§ 9) eines Kindes handelt. Die Zusammenrechnung findet vom Beginne des Rechnungsjahrs, das dem Eintritt der Voraussetzungen der Zusammenrechnung folgt, bis zum Schlusse des Rechnungsjahrs statt, in dem diese Voraussetzungen weggefallen sind.

Als Kinder im Sinne des Abs. 1 gelten neben den Abkömmlingen des Haushaltungsvorstandes auch Stief-, Schwieger-, Adoptiv- und Pflegekinder sowie deren Abkömmlinge.

Im Falle der Zusammenrechnung haften der Haushaltungsvorstand und die Kinder nebeneinander für die Steuer.

Die Vorschrift des § 16 Abs. 2 findet entsprechende Anwendung.

§ 18.

Bei fortgesetzter Gütergemeinschaft gilt das in das Gesamtgut fallende Einkommen als Einkommen des überlebenden Ehegatten.

Steuertarif.

§ 19.

Zur Berechnung der Einkommensteuer wird das steuerbare Einkommen auf volle Hunderte nach unten abgerundet.

§ 20[1]).

Steuerpflichtig ist nur der den Betrag von fünfzehnhundert Mark übersteigende Teil des steuerbaren Einkommens.

Der steuerfreie Einkommensteil (Abs. 1) erhöht sich für jede zur Haushaltung des Steuerpflichtigen zählende Person, deren Einkommen gemäß §§ 16, 17 dem Einkommen des Steuerpflichtigen hinzuzurechnen ist, um fünfhundert Mark.

Die vorstehende Vergünstigung gilt auch für jede weitere Person, deren Unterhalt der Steuerpflichtige zur Erfüllung einer gesetzlichen Unterhaltungspflicht bestreitet, jedoch nicht über den tatsächlich gezahlten Betrag hinaus.

Der nach Abs. 2 und 3 hinzuzurechnende Betrag erhöht sich bei einem Steuerpflichtigen, dessen steuerbares Einkommen zehntausend Mark nicht übersteigt, um zweihundert Mark für die zweite

---

[1]) Siehe die Tabelle unten S. 52.

und jede weitere Person, sofern sie das sechzehnte Lebensjahr nicht vollendet hat.

Die Erhöhung des steuerfreien Einkommensteils nach Abs. 2 bis 4 tritt nur insoweit ein, als das selbständig zu veranlagende steuerbare Einkommen der Person, für welche die Erhöhung eintreten soll, hinter dem hinzuzurechnenden Höchstbetrage zurückbleibt.

Für Steuerpflichtige, die zur Haushaltung eines anderen Steuerpflichtigen zählen, beträgt der steuerfreie Einkommensteil fünfhundert Mark.

§ 21[1]).

Die Einkommensteuer beträgt:

für die ersten angefangenen oder vollen 1000 Mark des steuerpflichtigen Einkommens 10 vom Hundert,

für die nächsten angefangenen oder vollen 1000 Mark des steuerpflichtigen Einkommens 11 vom Hundert,

für die nächsten angefangenen oder vollen 1000 Mark des steuerpflichtigen Einkommens 12 vom Hundert,

für die nächsten angefangenen oder vollen 1000 Mark des steuerpflichtigen Einkommens 13 vom Hundert,

für die nächsten angefangenen oder vollen 1000 Mark des steuerpflichtigen Einkommens 14 vom Hundert,

für die nächsten angefangenen oder vollen 1000 Mark des steuerpflichtigen Einkommens 15 vom Hundert,

---

[1]) Siehe die Tabelle unten S. 52.

für die nächsten angefangenen oder vollen 1000 Mark des steuerpflichtigen Einkommens 16 vom Hundert,

für die nächsten angefangenen oder vollen 1000 Mark des steuerpflichtigen Einkommens 17 vom Hundert,

für die nächsten angefangenen oder vollen 1000 Mark des steuerpflichtigen Einkommens 18 vom Hundert,

für die nächsten angefangenen oder vollen 1000 Mark des steuerpflichtigen Einkommens 19 vom Hundert,

für die nächsten angefangenen oder vollen 1000 Mark des steuerpflichtigen Einkommens 20 vom Hundert,

für die nächsten angefangenen oder vollen 1000 Mark des steuerpflichtigen Einkommens 21 vom Hundert,

für die nächsten angefangenen oder vollen 1000 Mark des steuerpflichtigen Einkommens 22 vom Hundert,

für die nächsten angefangenen oder vollen 1000 Mark des steuerpflichtigen Einkommens 23 vom Hundert,

für die nächsten angefangenen oder vollen 1000 Mark des steuerpflichtigen Einkommens 24 vom Hundert,

für die nächsten angefangenen oder vollen 2000 Mark des steuerpflichtigen Einkommens 25 vom Hundert,

für die nächsten angefangenen oder vollen 2000 Mark des steuerpflichtigen Einkommens 26 vom Hundert,

für die nächsten angefangenen oder vollen 2000 Mark des steuerpflichtigen Einkommens 27 vom Hundert,

für die nächsten angefangenen oder vollen 2000 Mark des steuerpflichtigen Einkommens 28 vom Hundert,

für die nächsten angefangenen oder vollen 2000 Mark des steuerpflichtigen Einkommens 29 vom Hundert,

für die nächsten angefangenen oder vollen 3000 Mark des steuerpflichtigen Einkommens 30 vom Hundert,

für die nächsten angefangenen oder vollen 3000 Mark des steuerpflichtigen Einkommens 31 vom Hundert,

für die nächsten angefangenen oder vollen 3000 Mark des steuerpflichtigen Einkommens 32 vom Hundert,

für die nächsten angefangenen oder vollen 3000 Mark des steuerpflichtigen Einkommens 33 vom Hundert,

für die nächsten angefangenen oder vollen 3000 Mark des steuerpflichtigen Einkommens 34 vom Hundert,

für die nächsten angefangenen oder vollen 5000 Mark des steuerpflichtigen Einkommens 35 vom Hundert,

für die nächsten angefangenen oder vollen 5000 Mark des steuerpflichtigen Einkommens 36 vom Hundert,

für die nächsten angefangenen oder vollen 5000 Mark des steuerpflichtigen Einkommens 37 vom Hundert,

für die nächsten angefangenen oder vollen 5000 Mark des steuerpflichtigen Einkommens 38 vom Hundert,

für die nächsten angefangenen oder vollen 5000 Mark des steuerpflichtigen Einkommens 39 vom Hundert,

für die nächsten angefangenen oder vollen 5000 Mark des steuerpflichtigen Einkommens 40 vom Hundert,

für die nächsten angefangenen oder vollen 5000 Mark des steuerpflichtigen Einkommens 41 vom Hundert,

für die nächsten angefangenen oder vollen 5000 Mark des steuerpflichtigen Einkommens 42 vom Hundert,

für die nächsten angefangenen oder vollen 5000 Mark des steuerpflichtigen Einkommens 43 vom Hundert,

für die nächsten angefangenen oder vollen 5000 Mark des steuerpflichtigen Einkommens 44 vom Hundert,

für die nächsten angefangenen oder vollen 10 000 Mark des steuerpflichtigen Einkommens 45 vom Hundert,

für die nächsten angefangenen oder vollen 10 000 Mark des steuerpflichtigen Einkommens 46 vom Hundert,

für die nächsten angefangenen oder vollen 10 000 Mark des steuerpflichtigen Einkommens 47 vom Hundert,

für die nächsten angefangenen oder vollen 10 000 Mark des steuerpflichtigen Einkommens 48 vom Hundert,

für die nächsten angefangenen oder vollen 10 000 Mark des steuerpflichtigen Einkommens 49 vom Hundert,

für die nächsten angefangenen oder vollen 20 000 Mark des steuerpflichtigen Einkommens 50 vom Hundert,

für die nächsten angefangenen oder vollen 20 000 Mark des steuerpflichtigen Einkommens 51 vom Hundert,

für die nächsten angefangenen oder vollen 20 000 Mark des steuerpflichtigen Einkommens 52 vom Hundert,

für die nächsten angefangenen oder vollen 30 000 Mark des steuerpflichtigen Einkommens 53 vom Hundert,

für die nächsten angefangenen oder vollen 30 000 Mark des steuerpflichtigen Einkommens 54 vom Hundert,

für die nächsten angefangenen oder vollen 40 000 Mark des steuerpflichtigen Einkommens 55 vom Hundert,

für die nächsten angefangenen oder vollen 50 000 Mark des steuerpflichtigen Einkommens 56 vom Hundert,

für die nächsten angefangenen oder vollen 50 000 Mark des steuerpflichtigen Einkommens 57 vom Hundert,

für die nächsten angefangenen oder vollen 50 000 Mark des steuerpflichtigen Einkommens 58 vom Hundert,

für die nächsten angefangenen oder vollen 50 000 Mark des steuerpflichtigen Einkommens 59 vom Hundert,

für die weiteren Beträge . . . 60 vom Hundert.

§ 22.

Bei Gewinnen aus einzelnen Veräußerungsgeschäften (§ 11 Nr. 5) wird die Steuer von dem gesamten steuerpflichtigen Einkommen nach dem Hundertsatz erhoben, der nach § 21 anzuwenden wäre, wenn die Steuer von dem übrigen Einkommen zuzüglich des Betrags erhoben würde, der sich bei gleichmäßiger Verteilung des Gewinns auf die vollen Jahre der Besitzdauer ergibt. Die Besitzzeit vor dem 1. Januar 1920 sowie die Besitzzeit von mehr als fünf Jahren wird nicht berücksichtigt. Falls sich hiernach kein Hundertsatz ergibt, wird die Steuer nach dem niedrigsten im § 21 vorgesehenen Abgabesatz erhoben.

§ 23.

Bei Einnahmen, welche die Entlohnung für eine sich über mehrere Jahre erstreckende Tätigkeit darstellen, wird die Steuer von dem gesamten steuerpflichtigen Einkommen nach dem Hundertsatz erhoben, der nach § 21 anzuwenden wäre, wenn die Steuer von dem übrigen Einkommen zuzüglich des Betrags erhoben würde, der sich bei gleichmäßiger Verteilung der Einnahme auf die vollen Jahre der Tätigkeit ergibt. Mehr als fünf Jahre werden nicht berücksichtigt. Falls sich hiernach kein Hundertsatz ergibt, wird die Steuer nach dem niedrigsten im § 21 vorgesehenen Abgabesatz erhoben.

§ 24.

Bei außerordentlichen Waldnutzungen, die über die regelmäßigen Nutzungen hinausgehen, wird die Steuer von dem gesamten steuerpflichtigen Einkommen nach dem Hundertsatz erhoben, der sich nach § 21 für das Einkommen des Steuerpflichtigen nach Abzug des außerordentlichen Mehrerlöses berechnet. Falls sich hiernach kein Hundertsatz ergibt, wird die Steuer nach dem niedrigsten, im § 21 vorgesehenen Abgabesatz erhoben.

Bei außerordentlichen Waldnutzungen infolge höherer Gewalt (Eis-, Schnee- oder Windbruch, Raupenfraß, Brand usw.) ermäßigt sich die nach Abs. 1 auf den außerordentlichen Mehrerlös entfallende Einkommensteuer um die Hälfte ihres Betrags.

§ 25.

Bei außerordentlichen, nicht regelmäßig wiederkehrenden Einnahmen (§ 11 Nr. 3, 4) wird die Steuer von dem gesamten steuerpflichtigen Einkommen nach dem Hundertsatz erhoben, der sich nach § 21 für das Einkommen des Steuerpflichtigen nach Abzug der außerordentlichen Einnahmen berechnet. Falls sich hiernach kein Hundertsatz ergibt, wird die Steuer nach dem niedrigsten, im § 21 vorgesehenen Abgabesatz erhoben.

§ 26.

Bei der Veranlagung können besondere wirtschaftliche Verhältnisse, die die Leistungsfähigkeit des Steuerpflichtigen wesentlich beeinträchtigen, berücksichtigt werden, sofern das steuerbare Einkommen den Betrag von dreißigtausend Mark nicht übersteigt. Zu diesem Zwecke kann die nach §§ 19—25 zu erhebende Abgabe bei einem steuerbaren Einkommen von nicht mehr als zehntausend Mark ganz erlassen, bei einem steuerbaren Einkommen von nicht mehr als zwanzigtausend Mark bis zur Hälfte und bei einem steuerbaren Einkommen von nicht mehr als dreißigtausend Mark um höchstens ein Viertel ihres Betrags ermäßigt werden.

Als Verhältnisse dieser Art gelten insbesondere außergewöhnliche Belastungen durch Unterhalt und Erziehung der Kinder, durch Verpflichtung zum Unterhalte mittelloser Angehöriger, durch Krankheit, Körperverletzung, Verschuldung, Unglücksfälle oder durch besondere Aufwendungen im Haushalt infolge einer Erwerbstätigkeit der Ehefrau.

§ 27.

Die Vorschriften der §§ 20 und 26 finden im Falle der Steuerpflicht nach § 2 Nr. II keine Anwendung.

§ 28.

Bei Steuerpflichtigen, welche im Inland weder einen Wohnsitz noch ihren Aufenthalt haben, bleibt der Anteil des Landes und der Gemeinde (Gemeindeverbandes) an der geschuldeten Einkommensteuer unerhoben, soweit diese nicht auf Einkommen aus inländischem Grundbesitz oder Gewerbebetrieb entfällt. Dies gilt nicht für Deutsche, soweit und solange sie nach dem Gesetze gegen die Steuerflucht vom 26. Juli 1918 (Reichs-Gesetzbl. S. 959) der inländischen Steuerpflicht in Beziehung auf die Personalsteuern des Reichs und der Länder unterworfen bleiben.

Veranlagung.

§ 29.

Die Veranlagung zur Einkommensteuer erfolgt jeweils für ein Rechnungsjahr, und zwar nach dem steuerpflichtigen Jahreseinkommen, das der Steuerpflichtige in dem dem Rechnungsjahr unmittelbar vorangegangenen Kalenderjahre bezogen hat.

An Stelle des Kalenderjahrs tritt für die Feststellung des Einkommens aus Gewerbe und Bergbau sowie aus Land- und Forstwirtschaft das Wirtschafts- (Betriebs-) Jahr, falls der Steuerpflichtige ein vom Kalenderjahr abweichendes Wirtschafts- (Betriebs-) Jahr angenommen hat. Als der Veranlagung unmittelbar vorangegangen gilt das letzte Wirtschafts- (Betriebs-) Jahr, dessen Ergebnisse zur Zeit der Veranlagung festgestellt werden können. Die Reihenfolge der Wirtschafts- (Betriebs-) Jahre darf nicht unterbrochen werden. Liegt bei der Veranlagung noch kein Abschluß vor, so kann das Ergebnis im Wege der Schätzung ermittelt und ein vorläufiger Steuerbescheid erteilt werden. Die Veranlagung ist zu berichtigen, sobald der Abschluß vorliegt.

§ 30.

Wer mit dem Beginn oder im Laufe eines Rechnungsjahrs steuerpflichtig wird, wird nach einem steuerpflichtigen Jahreseinkommen veranlagt, das dem mutmaßlichen Betrage des steuerbaren Einkommens des ersten vollen Jahres oder des ersten vollen Wirtschafts- (Betriebs-) Jahres entspricht. Diese Veranlagung wird erforderlichenfalls nach Ablauf dieses Zeitraums berichtigt. Das hiernach festgestellte steuerpflichtige Einkommen bleibt für die Veranlagung so lange maßgebend, bis die Veranlagung nach dem Ergebnis eines vollen Kalender- oder Wirtschafts- (Betriebs-) Jahres erfolgen kann.

Geht ein Steuerpflichtiger aus der beschränkten Steuerpflicht in die unbeschränkte Steuerpflicht über oder umgekehrt, oder wird ein Steuerpflichtiger, der nur der beschränkten Steuerpflicht unterliegt, mit weiterem Einkommen steuerpflichtig, so wird das hinzugetretene Einkommen gemäß Abs. 1 festgestellt, wie wenn er hiermit neu in die Steuerpflicht eingetreten wäre. Entsprechend ist die Veranlagung zu berichtigen, wenn bei einem Steuerpflichtigen eine von mehreren der beschränkten Steuerpflicht unterliegenden Einkommensarten in Fortfall kommt.

Ermittlung des steuerbaren Einkommens.

§ 31.

Das Einkommen aus Grundstücken und Gebäuden, welche verpachtet oder vermietet sind, ist nach dem Pacht- oder Mietzins zu ermitteln unter Hinzurechnung der dem Pächter oder Mieter zum Vorteil des Verpächters oder Vermieters obliegenden Natural- oder sonstigen Nebenleistungen sowie der dem Verpächter oder Vermieter vorbehaltenen Nutzungen, anderseits unter Abrechnung der dem letzteren obliegenden abzugsfähigen Lasten.

Für Gebäude und Gebäudeteile, die von dem Eigentümer selbst bewohnt oder in sonstiger Weise benutzt werden, oder die dem Steuerpflichtigen zu unentgeltlicher Benutzung überlassen sind, ist das Einkommen nach dem ortsüblichen Mietwert zu bemessen. Soweit Gebäude oder Gebäudeteile vom Eigentümer oder Nutznießer zum Betriebe der Land- oder Forstwirtschaft, zum Gewerbebetrieb oder zur Ausübung eines sonstigen Berufs benutzt werden, ist der Mietwert weder bei Berechnung des Einkommens noch bei Berechnung der Betriebskosten zu berücksichtigen.

§ 32.

Als steuerbares Einkommen aus selbstbewirtschaftetem Grundbesitze kommt der gesamte land- und forstwirtschaftliche Betriebsgewinn in Ansatz. Der Betriebsgewinn ist durch Vergleich der Betriebseinnahmen und der Betriebsausgaben unter Berücksichtigung des Unterschieds in dem Stande und Werte der Wirtschaftserzeugnisse, Waren und Vorräte des Betriebs sowie des beweglichen Anlagekapitals am Schlusse des Wirtschaftsjahrs gegenüber deren Stande und Werte am Anfang desselben festzustellen. Den Betriebseinnahmen ist der Wert der Gegenstände, Ausbeuten oder Dienstleistungen hinzuzurechnen, die der Steuerpflichtige bei Bewirtschaftung des Grundbesitzes für sich und seinen Haushalt oder für andere Zwecke entnommen hat, die außerhalb des Betriebs liegen.

Als Wert der Wirtschaftserzeugnisse, Waren und Vorräte des Betriebs sowie des beweglichen Anlagekapitals ist der gemeine Wert in Ansatz zu bringen. Soweit ein Anschaffungs- oder Herstellungspreis gegeben ist und dieser hinter dem gemeinen Werte zurückbleibt, ist der Steuerpflichtige berechtigt, statt des gemeinen Wertes den Anschaffungs- oder Herstellungspreis anzusetzen. In diesem Falle ist der für den Schluß eines Wirtschaftsjahrs in Ansatz gebrachte Anschaffungs- oder Herstellungspreis als Wert der betreffenden Gegenstände am Anfang des folgenden Wirtschaftsjahrs in Ansatz zu bringen.

Werden von dem Steuerpflichtigen über den Betrieb der Land- oder Forstwirtschaft geordnete, den Reinertrag nachweisende Bücher geführt, so sind die Abschlüsse dieser Bücher als Grundlage für die Ermittlung des Betriebsgewinns zu verwenden.

Das Einkommen aus dem pachtweisen Betriebe der Land- und Forstwirtschaft ist in gleicher Weise zu ermitteln, wie beim Betrieb auf eigenem Grund und Boden, unter Hinzurechnung des Mietwerts der mitgepachteten Wohnung. Der Pachtzins einschließlich des Wertes der etwa dem Pächter obliegenden Natural- oder sonstigen Nebenleistungen ist in Abzug zu bringen.

§ 33.

Als steuerbares Einkommen aus dem Betrieb eines Gewerbes oder des Bergbaues kommt der Geschäftsgewinn in Ansatz. Der Geschäftsgewinn ist durch Vergleich der Betriebseinnahmen und der Betriebsausgaben unter Berücksichtigung des Unterschieds in dem Stande und Werte der Erzeugnisse, Waren und Vorräte des Betriebs sowie des beweglichen Anlagekapitals am Schlusse des Geschäftsjahrs gegenüber deren Stande und Werte am Anfang desselben festzustellen. Den Geschäftseinnahmen ist der Wert der Gegenstände, Ausbeuten und Dienstleistungen hinzuzurechnen, die der Steuerpflichtige aus dem Betriebe seines Gewerbes für sich und seinen Haushalt oder für andere Zwecke entnommen hat, die außerhalb des Betriebs liegen. Die Vorschriften des § 32 Abs. 2 finden entsprechende Anwendung.

Bei Steuerpflichtigen, welche Handelsbücher nach den Vorschriften des Handelsgesetzbuchs führen, ist der Geschäftsgewinn unter Beachtung der Vorschriften des § 15 nach den Grundsätzen zu berechnen, wie sie für die Inventur und Bilanz durch das Handelsgesetzbuch vorgeschrieben sind.

§ 34.

Bei Ermittlung des steuerbaren Einkommens der Reichs-, Staats- und Gemeindebeamten, Geistlichen, Kirchenbeamten, Lehrer an öffentlichen Unterrichtsanstalten und Militärpersonen bleibt die zur Bestreitung des Dienstaufwandes gewährte Entschädigung oder der hierzu nach ausdrücklicher Anordnung bestimmte Teil des Gehalts oder einer etwaigen Zulage außer Ansatz.

Die aus öffentlichen Kassen gewährten Aufwandsentschädigungen, Tagegelder und Reisekosten bleiben gleichfalls außer Berechnung.

Bei Ermittlung des steuerbaren Einkommens der in privaten Dienst- oder Auftragsverhältnissen stehenden Personen sind die Entschädigungen, welche nach ausdrücklicher Vereinbarung zur Bestreitung des durch den Dienst oder Auftrag veranlaßten

Aufwandes gewährt werden, insoweit außer Ansatz zu lassen, als ihr Betrag den erforderlichen Aufwand nicht übersteigt.

Das im Genuß einer Dienstwohnung bestehende Einkommen ist unter billiger Berücksichtigung der durch den Dienst erforderlichen Bedürfnisse und der dem Inhaber obliegenden Lasten zu veranschlagen.

§ 35.

Als Gewinn im Sinne des § 11 Nr. 5 und als Verlust im Sinne des § 13 Nr. 8 gilt der Unterschied zwischen dem bei dem Veräußerungsgeschäfte für den veräußerten Gegenstand erzielten Erlös und dem Anschaffungs- oder Herstellungspreise. Hat der Steuerpflichtige den Gegenstand von Todes wegen oder durch Schenkung im Sinne der §§ 20, 40 des Erbschaftssteuergesetzes vom 10. September 1919 erworben, so gilt als Anschaffungspreis der Wert, der bei der Veranlagung zur Erbanfall- oder Schenkungssteuer zugrunde gelegt wurde oder im Falle der Steuerpflicht zugrunde zu legen wäre. Ist für den veräußerten Gegenstand der Anschaffungs- oder Herstellungspreis nicht zu ermitteln, so gilt als solcher der gemeine Wert, den der Gegenstand zur Zeit des Erwerbes besessen hat. Liegt der Erwerb des Gegenstandes vor dem 1. Januar 1920, so ist der für den Gegenstand bei der Veranlagung zum Reichsnotopfer zugrunde gelegte Wert oder, falls dieser nicht festgestellt wurde, der auf den 31. Dezember 1919 festzustellende gemeine Wert des Gegenstandes als Anschaffungspreis anzunehmen.

Dem Anschaffungspreise sind die seit der Anschaffung zur Verbesserung des Gegenstandes gemachten Aufwendungen, soweit sie eine zur Zeit der Veräußerung noch fortbestehende Werterhöhung zur Folge haben und nach dem 31. Dezember 1919 gemacht worden sind, hinzuzurechnen. Zinsen des Anschaffungs- und Herstellungspreises werden diesem selbst dann nicht hinzugerechnet, wenn der Gegenstand seit der Anschaffung oder Herstellung keinen Nutzen gewährt hat. Bei Ermittlung des Gewinns oder des Verlustes aus einem einzelnen Veräußerungsgeschäfte sind die während der Besitzzeit an dem veräußerten Gegenstand eingetretenen Werterhöhungen oder Wertverminderungen zu berücksichtigen, soweit solche bereits bei der Veranlagung des Steuerpflichtigen zur Einkommensteuer für frühere Jahre in Anschlag gebracht worden sind.

Für Nießbraucher, Vorerben und Inhabe von gebundenem Vermögen findet § 50 des Reichsnotopfergesetzes entsprechende Anwendung.

§ 36.

Für die Frage, ob ein Einkommensbetrag vereinnahmt wurde, ist es ohne Bedeutung, ob der Betrag dem Steuerpflichtigen tatsächlich bereits zugeflossen ist oder noch geschuldet wird. Rückständige Einnahmen sind insoweit abzusetzen, als ihr Eingang zweifelhaft geworden ist; sie sind den Einnahmen des Kalenderjahrs zuzurechnen, in dem sie einbringlich werden.

§ 37.

Geldwerte Einkommensteile, wie Naturalien, Waren, Genuß von Rechten und Gütern, Wohnung,

Kost, Ausbeuten und verwertete Dienstleistungen, sind — soweit nichts anderes bestimmt ist — nach den ortsüblichen Mittelpreisen anzusetzen.

§ 38.

Ausgaben, soweit sie nach den Vorschriften dieses Gesetzes abzugsfähig sind, kommen mit dem Betrag in Abzug, den der Steuerpflichtige zu ihrer Bestreitung tatsächlich aufzuwenden hatte, auch wenn sie noch rückständig sind.

Steuererklärung.

§ 39.

Zur Abgabe einer Einkommensteuererklärung sind alle Personen, deren steuerbares Einkommen in dem nach § 29 maßgebenden Kalenderjahre den Betrag von dreitausend Mark überstiegen hat, nach näherer Anordnung des Reichsministers der Finanzen verpflichtet.

Wer mit dem Beginn oder im Laufe eines Rechnungsjahrs steuerpflichtig wird, hat innerhalb von drei Monaten nach Beginn der Steuerpflicht eine Steuererklärung einzureichen, sofern sein Jahreseinkommen voraussichtlich den Betrag von dreitausend Mark übersteigt.

§ 40.

Wer Personen gegen Gehalt, Lohn oder sonstiges Entgelt länger als zwei Monate beschäftigt hat, ist verpflichtet, nach näherer Anordnung des Reichsministers der Finanzen Namen, Stellung und Wohnung sowie das von ihm herrührende Einkommen dieser Personen dem Finanzamt mitzuteilen.

Die gleiche Verpflichtung besteht für die Vorstände juristischer Personen und von Vereinen aller Art sowie für die Vorstände aller Stellen, Behörden und Anstalten des öffentlichen Dienstes hinsichtlich des Berufs- oder Pensionseinkommens ihrer Beamten, Angestellten, Bediensteten sowie der Empfänger von Ruhegehältern, Witwen- und Waisenpensionen oder Unterhaltsbeiträgen.

Steuerbescheid.

§ 41.

Über die nach diesem Gesetze zu entrichtende Einkommensteuer erteilt das Finanzamt dem Steuerpflichtigen einen schriftlichen Steuerbescheid.

Entrichtung der Steuer.

§ 42.

Die für ein Rechnungsjahr geschuldete Einkommensteuer ist in vier Raten jeweils in den ersten fünfzehn Tagen der Monate Mai, August, November und Februar zu entrichten.

Diese Verpflichtung wird durch den Tod des Steuerpflichtigen nicht berührt und gehört zu den Nachlaßverbindlichkeiten im Sinne des § 1967 des Bürgerlichen Gesetzbuchs. Verringert sich das Einkommen infolge des Todes des Steuerpflichtigen dadurch, daß ein auf diesen veranlagtes Einkommen aus Arbeit (§ 9) fortfällt, so ist die Steuer für den Rest des Rechnungsjahrs unter Berücksichtigung des Fortfalls anderweit festzustellen.

Solange einem Steuerpflichtigen ein vorläufiger oder endgültiger Steuerbescheid für ein Rechnungsjahr nicht zugegangen ist, hat er zu den gesetzlichen Zahlungszeiten Teilzahlungen nach der ihm für das vorausgegangene Rechnungsjahr angesetzten Einkommensteuer vorläufig weiter zu leisten.

§ 43.

Ist die Steuerpflicht im Laufe eines Rechnungsjahrs begründet worden, so wird die Steuerschuld für dieses Rechnungsjahr nur insoweit erhoben, als die Steuerpflicht während voller Monate des Rechnungsjahrs bestanden hat.

Wird die Steuerpflicht mit dem ersten Tage eines Monats begründet, so gilt dieser Monat als voller Monat im Sinne des Abs. 1.

§ 44.

Die für einen Steuerpflichtigen in einem Kalenderjahr entrichtete, auf volle Mark nach unten abgerundete Kapitalertragsteuer wird, sofern sie mindestens fünf Mark beträgt, auf Antrag auf die von ihm für das folgende Rechnungsjahr geschuldete Einkommensteuer angerechnet, wenn der Steuerpflichtige über sechzig Jahre alt oder erwerbsunfähig oder nicht bloß vorübergehend behindert ist, seinen Lebensunterhalt durch eigenen Erwerb zu bestreiten und wenn das Einkommen sich hauptsächlich aus Kapitaleinkommen und Bezügen der im § 9 Nr. 3 bezeichneten Art zusammensetzt.

Die Anrechnung erfolgt bei einem steuerbaren Einkommen

von nicht mehr als 7500 Mark in Höhe von 75 vom Hundert,

von nicht mehr als 10000 Mark in Höhe von 50 vom Hundert,

von nicht mehr als 12500 Mark in Höhe von 25 vom Hundert.

Bei einem die bezeichneten Grenzen übersteigenden Einkommen erfolgt die Anrechnung zu dem Hundertsatze, der für das diese Grenze nicht übersteigende Einkommen gilt, insoweit dem Steuerpflichtigen nach Abzug der Einkommensteuer derjenige Betrag verbleibt, der sich bei Zugrundelegurg eines diese Grenze erreichenden Einkommens ergeben würde.

Der anrechnungsfähige Betrag wird gegebenenfalls bar erstattet.

Über die Anrechnung und Erstattung wird im Beschwerdeverfahren entschieden.

§ 45[1]).

Der Arbeitgeber hat nach nähere Anordnung des Reichsministers der Finanzen bei der Lohnzahlung zehn vom Hundert des Arbeitslohns zu Lasten des Arbeitnehmers einzubehalten und für den einbehaltenen Betrag Steuermarken in die Steuerkarte (§ 46) des Arbeitnehmers einzukleben und zu entwerten.

§ 46.

Der Arbeitnehmer ist verpflichtet, sich vor Beginn eines jeden Kalenderjahrs oder vor Beginn eines Dienstverhältnisses von der Gemeindebehörde seines Wohn- oder Beschäftigungsorts eine Steuerkarte ausstellen zu lassen und diese Steuerkarte dem

---

[1]) S. die Fußnote zu § 58.

Arbeitgeber bei jeder Lohnzahlung zum Einkleben und Entwerten der Steuermarken vorzulegen.

§ 47.

Der Arbeitnehmer hat dem Arbeitgeber auf Verlangen eine schriftliche Bescheinigung über den empfangenen Lohn, den nach § 45 einbehaltenen Betrag und den Wert der von dem Arbeitgeber in der Steuerkarte eingeklebten und entwerteten Steuermarken zu geben.

§ 48.

Der Arbeitnehmer kann die in seiner Steuerkarte und in den Steuerkarten solcher Haushaltungsangehörigen, deren Einkommen ihm zuzurechnen ist, eingeklebten und entwerteten Steuermarken unter Abgabe des entsprechenden Teiles der Steuerkarte spätestens innerhalb der nächsten drei Kalendervierteljahre auf die von ihm zu entrichtende Einkommensteuer an Zahlungs Statt hingeben.

Übersteigt der Wert der nach Abs. 1 hingegebenen Steuermarken den zu zahlenden Steuerbetrag, so hat das Finanzamt den überschüssigen Betrag dem Steuerpflichtigen sofort nach der endgültigen Veranlagung in bar zu erstatten.

§ 49.

Verlorene, unbrauchbar gewordene oder zerstörte Steuerkarten werden ersetzt. Die in solchen Karten nachweisbar eingeklebten und entwerteten Steuermarken werden ihrem Werte nach auf die Steuerschuld angerechnet; eine bare Herauszahlung findet in diesen Fällen nicht statt.

§ 50.

Der Arbeitgeber haftet dem Reiche für die Einbehaltung und Entrichtung des im § 45 bestimmten Betrags neben dem Arbeitnehmer als Gesamtschuldner.

§ 51.

Die Vorschriften der §§ 45—50 gelten auch für die sonstigen Fälle des § 9 Nr. 1 und für die Fälle des § 9 Nr. 3 entsprechend.

§ 52.

Der Reichsminister der Finanzen kann ein von den Vorschriften der §§ 45—49 abweichendes Verfahren zulassen.

Strafvorschriften. Übergangs- und Schlußvorschriften.

§ 53.

Wer die nach diesem Gesetze zu entrichtende Steuer hinterzieht, wird mit einer Geldstrafe im fünf- bis zwanzigfachen Betrage der hinterzogenen Steuer bestraft. Neben der Geldstrafe kann auf Gefängnis erkannt werden.

§ 54.

Ist in einem Lande auf Grund des § 8 des Gesetzes über eine außerordentliche Kriegsabgabe für das Rechnungsjahr 1918 vom 26. Juli 1918 (Reichs-Gesetzbl. S. 964) die Einkommensteuerveranlagung für das Rechnungsjahr 1919 als die für die Feststellung des Kriegseinkommens maßgebende Jahresveranlagung erklärt worden, so ist in diesem Lande für die Veranlagung zur Kriegsabgabe vom Mehreinkommen nach dem Gesetz über eine außerordentliche Kriegsabgabe für das Rechnungsjahr 1919 vom 10. September 1919 (Reichs-Gesetzbl. S. 1567) das maßgebende Kriegseinkommen eines Abgabepflichtigen nach den Vorschriften des Landeseinkommensteuergesetzes auf Grund des von dem Pflichtigen vornehmlich im Jahre 1918 erzielten Einkommens festzustellen.

Dabei sind als kriegsabgabepflichtig im Sinne des im Abs. 1 genannten Gesetzes alle natürlichen Personen anzusehen, die nach den landesrechtlichen Vorschriften bei der Jahresveranlagung für das Rechnungsjahr 1920 zur Landeseinkommensteuer hätten veranlagt werden müssen.

§ 34 des Gesetzes über eine außerordentliche Kriegsabgabe für das Rechnungsjahr 1919 vom 10. September 1919 findet auf die Veranlagung nach dem Gesetz über eine außerordentliche Kriegsabgabe für das Rechnungsjahr 1918 vom 26. Juli 1918 entsprechende Anwendung.

§ 55.

Abweichend von der Vorschrift des § 2 Nr. I sind Auslandsdeutsche im Sinne des § 20 Abs. 2 Nr. 3 des Gesetzes gegen die Steuerflucht vom 26. Juli 1918 (Reichs-Gesetzbl. S. 951) vom Zeitpunkt der Rückkehr ins Ausland ab von der Einkommensteuer befreit. Die Vorschrift des § 21 des Gesetzes gegen die Steuerflucht findet auf die Einkommensteuer entsprechende Anwendung.

Von der Einkommensteuer sind ferner Deutsche befreit, welche in den auf Grund des Friedensvertrags aus dem Deutschen Reiche ausgeschiedenen Gebieten bereits seit mindestens zwei Jahren vor dem für das Ausscheiden maßgebenden Zeitpunkt einen Wohnsitz oder ihren gewöhnlichen Aufenthalt haben, ohne in den bei dem Deutschen Reiche verbliebenen Gebieten einen Wohnsitz zu haben.

§ 56.

Von der Einkommensteuer befreit sind Einnahmen aus Anleihen des Deutschen Reichs, soweit bei deren Begebung Befreiung von der Einkommensteuer zugesichert worden ist.

§ 57.

§ 14 des Umsatzsteuergesetzes vom 24. Dezember 1919 (Reichs-Gesetzbl. S. 2157) wird aufgehoben.

Eine Überweisung von Reichseinnahmen an die Länder auf Grund des § 36 Abs. 4 des Umsatzsteuergesetzes vom 26. Juli 1918 (Reichs-Gesetzbl. S. 779) findet nicht statt; dies gilt auch für die Einnahmen der Jahre 1919 und 1920.

§ 58[1].

Die erstmalige Veranlagung auf Grund dieses Gesetzes erfolgt für das Rechnungsjahr 1920 nach

[1]) Durch § 1 des Gesetzes zur Durchführung des Einkommensteuergesetzes vom 31. März 1920 (RGBl. S. 428) wird § 58 des Einkommensteuergesetzes wie folgt geändert:

a) der Abs. 6 durch folgende Vorschrift ersetzt:

Der Reichsminister der Finanzen wird ermächtigt, den Tag des Inkrafttretens der Vorschriften der §§ 45 bis 52 zu bestimmen;

dem Jahreseinkommen, das der Steuerpflichtige im Kalenderjahr 1920 oder in dem vom Kalenderjahr abweichenden Wirtschafts- (Betriebs-) Jahr bezogen hat, dessen Ende in dieses Kalenderjahr fällt. Die Veranlagung erfolgt nach Ablauf des Kalenderjahrs 1920; die Vorschrift des § 30 wird hierdurch nicht berührt. Auf die danach für das Rechnungsjahr 1920 endgültig zu entrichtende Einkommensteuer wird die für den Pflichtigen im Kalenderjahr 1920 entrichtete Kapitalertragsteuer in dem sich aus § 44 ergebenden Umfang angerechnet.

Bis zur ersten Veranlagung auf Grund dieses Gesetzes ist vorläufig die Einkommensteuer zu entrichten (§ 42 Abs. 1), die sich nach den Vorschriften der §§ 19 bis 21 für das bei der letzten landesrechtlichen Veranlagung zur Staatseinkommensteuer festgestellte Einkommen berechnet.

Macht der Steuerpflichtige glaubhaft, daß gegenüber dem hiernach zugrunde gelegten Einkommen sein steuerbares Einkommen sich im Jahre 1920 voraussichtlich um mehr als den fünften Teil vermindern wird, so hat das Finanzamt die Steuer dem mutmaßlichen Einkommen entsprechend zu ermäßigen.

---

b) als Abs. 7 folgende neue Vorschrift hinzugefügt:

Der Reichsminister der Finanzen kann anordnen, daß und inwieweit bis zum Empfange des vorläufigen Steuerbescheids für das Rechnungsjahr 1920 die Einkommensteuer vorläufig weiterzuzahlen ist, die nach der letzten landesrechtlichen Veranlagung zugunsten der Länder und Gemeinden (Gemeindeverbände) zu entrichten war oder wäre.

Über die Festsetzung der nach Abs. 2 und 3 vorläufig zu entrichtenden Einkommensteuer wird im Beschwerdeverfahren entschieden.

Der Reichsminister der Finanzen wird ermächtigt, von der Erteilung eines vorläufigen Steuerbescheids an diejenigen Steuerpflichtigen Abstand zu nehmen, die Arbeitseinkommen im Sinne des § 9 Nr. 1 und 3 beziehen.

Die Vorschriften der §§ 42 bis 52 treten mit dem 1. April 1920 in Kraft.

§ 59.

Bei der Veranlagung für das Rechnungsjahr 1921 bleiben außerordentliche Einnahmen, die im Laufe des Kalenderjahrs 1920 bezogen wurden, insoweit außer Ansatz, als sie für das Rechnungsjahr 1920 bereits der Einkommensteuer unterlegen haben. Diese Vorschrift findet auf Steuerpflichtige der im § 33 Abs. 2 bezeichneten Art entsprechende Anwendung.

Die Entscheidung der Steuerbehörde, daß eine außerordentliche Einnahme vorliegt, ist für das Berufungsverfahren verbindlich.

§ 60.

Die Ausführungsbestimmungen zu diesem Gesetz erläßt der Reichsminister der Finanzen mit Zustimmung des Reichsrats.

Berlin, den 29. März 1920.

Der Reichspräsident.
Ebert.

Der Reichsminister der Finanzen.
Dr. Wirth.

Ia. Musterberechnungen für Einkommensteuerpflichtige.

Vorbemerkung: Bei den nachstehenden Steuerberechnungen ist vorausgesetzt, daß die Kinder kein Einkommen und (bei steuerbarem Einkommen bis 10 000 *M*) das sechzehnte Lebensjahr nicht vollendet haben.

Die Steuer ist immer aus dem auf volle Hunderte nach unten abgerundeten steuerbaren Einkommen zu berechnen; in nachstehender Tabelle sind von 5000 *M* steuerbarem Einkommen ab nur Beispiele herausgegriffen.

Steuerbares Jahreseinkommen	Die Jahreseinkommensteuer beträgt: für Ledige: steuerpflichtiger Einkommensbetrag *) ℳ	für Ledige: ℳ	für Verheiratete ohne Kinder: steuerpflichtiger Einkommensbetrag ℳ	ohne Kinder: ℳ	mit 1 Kind: steuerpflichtiger Einkommensbetrag ℳ	mit 1 Kind: ℳ	mit 2 Kindern: steuerpflichtiger Einkommensbetrag ℳ	mit 2 Kindern: ℳ	mit 3 Kindern: steuerpflichtiger Einkommensbetrag ℳ	mit 3 Kindern: ℳ
1 600	100	10	—	—	—	—	—	—	—	—
1 700	200	20	—	—	—	—	—	—	—	—
1 800	300	30	—	—	—	—	—	—	—	—
1 900	400	40	—	—	—	—	—	—	—	—
000	500	50	—	—	—	—	—	—	—	—
2 100	600	60	100	10	—	—	—	—	—	—
2 200	700	70	200	20	—	—	—	—	—	—
2 300	800	80	300	30	—	—	—	—	—	—
2 400	900	90	400	40	—	—	—	—	—	—
2 500	1 000	100	500	50	—	—	—	—	—	—
2 600	1 100	111	600	60	—	—	—	—	—	—
2 700	1 200	122	700	70	—	—	—	—	—	—
2 800	1 300	133	800	80	100	10	—	—	—	—
2 900	1 400	144	900	90	200	20	—	—	—	—
3 000	1 500	155	1 000	100	300	30	—	—	—	—
3 100	1 600	166	1 100	111	400	40	—	—	—	—
3 200	1 700	177	1 200	122	500	50	—	—	—	—

3 300	1 800	188	1 300	133	600	60	—	—	—	—
3 400	1 900	199	1 400	144	700	70	—	—	—	—
3 500	2 000	210	1 500	155	800	80	100	10	—	—
3 600	2 100	222	1 600	166	900	90	200	20	—	—
3 700	2 200	234	1 700	177	1 000	100	300	30	—	—
3 800	2 300	246	1 800	188	1 100	111	400	40	—	—
3 900	2 400	258	1 900	199	1 200	122	500	50	—	—
4 000	2 500	270	2 000	210	1 300	133	600	60	—	—
4 100	2 600	282	2 100	222	1 400	144	700	70	—	—
4 200	2 700	294	2 200	234	1 500	155	800	80	100	10
4 300	2 800	306	2 300	246	1 600	166	900	90	200	20
4 400	2 900	318	2 400	258	1 700	177	1 000	100	300	30
4 500	3 000	330	2 500	270	1 800	188	1 100	111	400	40
4 600	3 100	343	2 600	282	1 900	199	1 200	122	500	50
4 700	3 200	356	2 700	294	2 000	210	1 300	133	600	60
4 800	3 300	369	2 800	306	2 100	222	1 400	144	700	70
4 900	3 400	382	900	318	2 200	234	1 500	155	800	80
5 000	3 500	395	3 000	330	2 300	246	1 600	166	900	90
5 200	3 700	421	3 200	356	2 500	270	1 800	188	1 100	111
5 400	3 900	447	3 400	382	2 700	294	2 000	210	1 300	133
5 600	4 100	474	3 600	408	2 900	318	2 200	234	1 500	155
5 800	4 300	502	3 800	434	3 000	343	2 400	258	1 700	177
6 000	4 500	530	4 000	460	3 300	369	2 600	282	1 900	199
6 200	4 700	558	4 200	488	3 500	395	2 800	306	2 100	222

*) In dieser Spalte steht der wirklich zu versteuernde und daher der Berechnung zugrunde liegende Betrag des Einkommens.

Steuerbares Jahreseinkommen	Die Jahreseinkommensteuer beträgt: für Ledige		für Verheiratete ohne Kinder		mit 1 Kind		mit 2 Kindern		mit 3 Kindern	
	steuerpflichtiger Einkommensbetrag *) ℳ	ℳ	steuerpflichtiger Einkommensbetrag ℳ	ℳ	steuerpflichtiger Einkommensbetrag ℳ	ℳ	steuerpflichtiger Einkommensbetrag ℳ	ℳ	steuerpflichtiger Einkommensbetrag ℳ	ℳ
6 400	4 900	586	4 400	516	3 700	421	3 000	330	2 300	246
6 600	5 100	615	4 600	544	3 900	447	3 200	356	2 500	270
6 800	5 300	645	4 800	572	4 100	474	3 400	382	2 700	294
7 000	5 500	675	5 000	600	4 300	502	3 600	408	2 900	318
7 200	5 700	705	5 200	630	4 500	530	3 800	434	3 100	343
7 400	5 900	735	5 400	660	4 700	558	4 000	460	3 300	369
7 600	6 100	766	5 600	690	4 900	586	4 200	488	3 500	395
7 800	6 300	798	5 800	720	5 100	615	4 400	516	3 700	421
8 000	6 500	830	6 000	750	5 300	645	4 600	544	3 900	447
8 200	6 700	862	6 200	782	5 500	675	4 800	572	4 100	474
8 400	6 900	894	6 400	814	5 700	705	5 000	600	4 300	502
8 600	7 100	927	6 600	846	5 900	735	5 200	630	4 500	530
8 800	7 300	961	6 800	878	6 100	766	5 400	660	4 700	558
9 000	7 500	995	7 000	910	6 300	798	5 600	690	4 900	586
9 200	7 700	1 029	7 200	944	6 500	830	5 800	720	5 100	615
9 400	7 900	1 063	7 400	978	6 700	862	6 000	750	5 300	645
9 600	8 100	1 098	7 600	1 012	6 900	894	6 200	782	5 500	675

9 800	8 300	1 134	7 800	1 046	7 100	927	6 400	814	5 700	705
10 000	8 500	1 170	8 000	1 080	7 300	961	6 600	846	5 900	735
10 500	9 000	1 260	8 500	1 170	8 000	1 080	7 500	995	7 000	910
11 000	9 500	1 355	9 000	1 260	8 500	1 170	8 000	1 080	7 500	995
11 500	10 000	1 450	9 500	1 355	9 000	1 260	8 500	1 170	8 000	1 080
12 000	10 500	1 550	10 000	1 450	9 500	1 355	9 000	1 260	8 500	1 170
12 500	11 000	1 650	10 500	1 550	10 000	1 450	9 500	1 355	9 000	1 260
13 000	11 500	1 755	11 000	1 650	10 500	1 550	10 000	1 450	9 500	1 355
13 500	12 000	1 860	11 500	1 755	11 000	1 650	10 500	1 550	10 000	1 450
14 000	12 500	1 970	12 000	1 860	11 500	1 755	11 000	1 650	10 500	1 550
14 500	13 000	2 080	12 500	1 970	12 000	1 860	11 500	1 755	11 000	1 650
15 000	13 500	2 195	13 000	2 080	12 500	1 970	12 000	1 860	11 500	1 755
15 500	14 000	2 310	13 500	2 195	13 000	2 080	12 500	1 970	12 000	1 860
16 000	14 500	2 430	14 000	2 310	13 500	2 195	13 000	2 080	12 500	1 970
16 500	15 000	2 550	14 500	2 430	14 000	2 310	13 500	2 195	13 000	2 080
17 000	15 500	2 675	15 000	2 550	14 500	2 430	14 000	2 310	13 500	2 195
17 500	16 000	2 800	15 500	2 675	15 000	2 550	14 500	2 430	14 000	2 310
18 000	16 500	2 925	16 000	2 800	15 500	2 675	15 000	2 550	14 500	2 430
18 500	17 000	3 050	16 500	2 925	16 000	2 800	15 500	2 675	15 000	2 550
19 000	17 500	3 180	17 000	3 050	16 500	2 925	16 000	2 800	15 500	2 675
19 500	18 000	3 310	17 500	3 180	17 000	3 050	16 500	2 925	16 000	2 800
20 000	18 500	3 440	18 000	3 310	17 500	3 180	17 000	3 050	16 500	2 925
21 000	19 500	3 705	19 000	3 570	18 500	3 440	18 000	3 310	17 500	3 180
22 000	20 500	3 975	20 000	3 840	19 500	3 705	19 000	3 570	18 500	3 440

*) Zu dieser Spalte steht der wirklich zu versteuernde und daher der Berechnung zugrunde liegende Betrag des Einkommens.

Steuerbares Jahreseinkommen	Die Jahreseinkommensteuer beträgt: für Ledige: steuerpflichtiger Einkommensbetrag *) M	für Ledige: M	für Verheiratete ohne Kinder: steuerpflichtiger Einkommensbetrag M	ohne Kinder: M	mit 1 Kind: steuerpflichtiger Einkommensbetrag M	mit 1 Kind: M	mit 2 Kindern: steuerpflichtiger Einkommensbetrag M	mit 2 Kindern: M	mit 3 Kindern: steuerpflichtiger Einkommensbetrag M	mit 3 Kindern: M
23 000	21 500	4 250	21 000	4 110	20 500	3 975	20 000	3 840	19 500	3 705
24 000	22 500	4 530	22 000	4 390	21 500	4 250	21 000	4 110	20 500	3 975
25 000	23 500	4 815	23 000	4 670	22 500	4 530	22 000	4 390	21 500	4 250
26 000	24 500	5 105	24 000	4 960	23 500	4 815	23 000	4 670	22 500	4 530
27 000	25 500	5 400	25 000	5 250	24 500	5 105	24 000	4 960	23 500	4 815
28 000	26 500	5 700	26 000	5 550	25 500	5 400	25 000	5 250	24 500	5 105
29 000	27 500	6 000	27 000	5 850	26 500	5 700	26 000	5 550	25 500	5 400
30 000	28 500	6 305	28 000	6 150	27 500	6 000	27 000	5 850	26 500	5 700
31 000	29 500	6 615	29 000	6 460	28 500	6 305	28 000	6 150	27 500	6 000
32 000	30 500	6 925	30 000	6 770	29 500	6 615	29 000	6 460	28 500	6 305
33 000	31 500	7 240	31 000	7 080	30 500	6 925	30 000	6 770	29 500	6 615
34 000	32 500	7 560	32 000	7 400	31 500	7 240	31 000	7 080	30 500	6 925
35 000	33 500	7 880	33 000	7 720	32 500	7 560	32 000	7 400	31 500	7 240
36 000	34 500	8 205	34 000	8 040	33 500	7 880	33 000	7 720	32 500	7 560
37 000	35 500	8 535	35 000	8 370	34 500	8 205	34 000	8 040	33 500	7 880
38 000	36 500	8 865	36 000	8 700	35 500	8 535	35 000	8 370	34 500	8 205
39 000	37 500	9 200	37 000	9 030	36 500	8 865	36 000	8 700	35 500	8 535

40 000	38500	9 540	38000	9 370	37500	9 200	37000	9 030	36500	8 865
41 000	39500	9 880	39000	9 710	38500	9 540	38000	9 370	37500	9 200
42 000	40500	10 225	40000	10 050	39500	9 880	39000	9 710	38500	9 540
43 000	41500	10 575	41000	10 400	40500	10 225	40000	10 050	39500	9 880
44 000	42500	10 925	42000	10 750	41500	10 575	41000	10 400	40500	10 225
45 000	43500	11 275	43000	11 100	42500	10 [illegible]25	42000	10 750	41500	10 575
46 000	44500	11 625	44000	11 450	43500	11 275	43000	11 100	42500	10 925
47 000	45500	11 980	45000	11 800	44500	11 625	44000	11 450	43500	11 275
48 000	46500	12 340	46000	12 160	45500	11 980	45000	11 800	44500	11 625
49 000	47500	12 700	47000	12 520	46500	12 340	46000	12 160	45500	11 980
50 000	48500	13 060	48000	12 880	47500	12 700	47000	12 520	46500	12 340
60 000	58500	16 780	58000	16 590	57500	16 400	57000	16 210	56500	16 020
70 000	68500	20 700	68000	20 500	67500	20 300	67000	20 100	66500	19 900
80 000	78500	24 820	78000	24 610	77500	24 400	77000	24 180	76500	23 980
90 000	88500	29 140	88000	28 920	87500	28 700	87000	28 480	86500	28 260
100 000	98500	33 625	98000	33 400	97500	33 175	97000	32 950	96500	32 725

*) In dieser Spalte steht der wirklich zu versteuernde und daher der Berechnung zugrunde liegende Betrag des Einkommens.

II. Körperschaftssteuergesetz.

Vom 30. März 1920 (RGBl. S. 393).

Die verfassunggebende Deutsche Nationalversammlung hat das folgende Gesetz beschlossen, das mit Zustimmung des Reichsrats hiermit verkündet wird:

Steuerpflicht.

§ 1.

Der Körperschaftssteuer unterliegen mit ihrem Einkommen:

1. juristische Personen des öffentlichen und des bürgerlichen Rechtes sowie alle Berggewerkschaften;
2. nichtrechtsfähige Personenvereinigungen, Anstalten, Stiftungen und andere Zweckvermögen, soweit ihr Einkommen nicht unmittelbar nach diesem Gesetz oder nach dem Einkommensteuergesetze bei einem anderen Steuerpflichtigen steuerbar ist.

Liegt der Sitz und der Ort der Leitung im Ausland, so beschränkt sich die Steuerpflicht auf das Einkommen aus inländischem Grundbesitz und aus einem Gewerbebetriebe, für den im Inland eine Betriebsstätte unterhalten wird.

§ 2.

Von der Körperschaftssteuer sind befreit:

1. das Reich, die Länder, die Gemeinden (Gemeindeverbände), die Unternehmungen, deren

Erträge ausschließlich dem Reiche, den Ländern, den Gemeinden (Gemeindeverbänden) zufließen, die Reichsbank und die Staatsbanken;

2. Universitäten, Hochschulen und ähnliche Anstalten und Gesellschaften, ferner solche Anstalten, die im Falle der Unzulänglichkeit der eigenen Mittel vom Reiche, von den Ländern, den Gemeinden (Gemeindeverbänden) dauernd ganz oder teilweise unterhalten, und Stiftungen, deren Zwecke im Falle der Unzulänglichkeit der eigenen Mittel vom Reiche, von den Ländern, den Gemeinden (Gemeindeverbänden) ganz oder teilweise erfüllt werden, soweit die Besteuerung zu einer Inanspruchnahme des Reichs, der Länder, Gemeinden (Gemeindeverbände) führen würde;

3. die Träger der Reichsversicherung;

4. inländische Personenvereinigungen und Zweckvermögen, die nach der Satzung, Stiftung oder sonstigen Verfassung ausschließlich gemeinnützigen oder mildtätigen Zwecken dienen; die Gemeinnützigkeit ist bei Personenvereinigungen nicht ausgeschlossen, wenn die Einlagen nach der Satzung oder sonstigen Verfassung mit höchstens fünf vom Hundert verzinst werden, bei Auslosungen, Ausscheiden eines Mitglieds oder für den Fall der Auflösung der Personenvereinigung nicht mehr als der Nennwert der Einlage zugesichert und bei der Auflösung der Rest des Vermögens für gleiche Zwecke bestimmt ist;

5. rechtsfähige Pensions-, Witwen-, Waisen-, Sterbe-, Unterstützungs- und sonstige Hilfskassen für Fälle der Not oder der Arbeitslosigkeit; das gleiche gilt für nichtrechtsfähige Kassen dieser Art, wenn die dauernde Verwendung der Einkünfte für die Zwecke der Kassen gesichert ist;
6. juristische Personen, denen unter Wahrung der Gegenseitigkeit nach allgemein völkerrechtlichen Grundsätzen oder denen nach besonderen mit anderen Staaten getroffenen Vereinbarungen ein Anspruch auf Befreiung von den persönlichen Steuern zusteht;
7. gesetzliche Berufs- oder Wirtschaftsvertretungen sowie wirtschaftliche Verbände ohne öffentlich-rechtlichen Charakter, deren Zweck nicht auf einen wirtschaftlichen Geschäftsbetrieb gerichtet ist.

Steuerbares Einkommen.

§ 3.

Soweit in diesem Gesetze nichts anderes vorgeschrieben ist (§ 5), unterliegt der Steuer der Gesamtbetrag der in Geld oder Geldeswert bestehenden Einkünfte (steuerbares Einkommen).

§ 4.

Bei den Versicherungsvereinen auf Gegenseitigkeit und den Erwerbs- und Wirtschaftsgenossenschaften beschränkt sich die Steuerpflicht auf die Einkünfte aus Grundbesitz, Kapitalvermögen und Gewerbebetrieb. Ein Gewerbebetrieb im Sinne dieser Vorschrift liegt nicht vor

bei den Genossenschaften,
wenn der Geschäftsbetrieb sich auf den Kreis der Mitglieder beschränkt,
bei den Versicherungsvereinen auf Gegenseitigkeit,
soweit sie nur Mitglieder versichern.

Das gleiche gilt bei den in ihrer Hauptbestimmung als Zentralen der Genossenschaften wirkenden Gesellschaften mit beschränkter Haftung und Aktiengesellschaften, deren Gesellschafter ausschließlich oder doch überwiegend die im Abs. 1 bezeichneten Genossenschaften sind.

Als inländisches Kapitalvermögen gilt bei ausländischen Versicherungsvereinen auf Gegenseitigkeit (§ 1 Abs. 2) der Teil des Kapitalvermögens, der dem Verhältnis der Gesamtversicherungssumme zu den Versicherungssummen entspricht, die auf die im Inland wohnenden Versicherungsnehmer entfallen; soweit in einem Versicherungszweig eine Gesamtversicherungssumme nicht besteht, tritt an die Stelle der Versicherungssumme die Jahreseinnahme an Versicherungsbeiträgen.

§ 5.

Die §§ 5 bis 15 des Einkommensteuergesetzes finden sinngemäß Anwendung.

§ 6.

Als steuerbares Einkommen gelten außer den im § 12 des Einkommensteuergesetzes bezeichneten Einkünften ferner nicht:

1. bei den Körperschaften, Anstalten, Stiftungen und Zweckvermögen des öffentlichen Rechtes

die Einkünfte der Unternehmungen, die vorwiegend im öffentlichen Interesse betrieben werden, sowie der Nutzungswert der Grundstücke, Gebäude und nutzbaren Rechte, die der Verwaltung oder sonstigen öffentlichen oder gemeinnützigen oder mildtätigen Zwecken dienen oder deren Nutzung Bestandteil einer Besoldung bildet, bei den öffentlichen Sparkassen (§ 3 Nr. 1 Abs. 1, 2 des Kapitalertragsteuergesetzes), bei Genossenschaften und deren Verbandskassen (§ 4 Abs. 2) der Teil der Einkünfte, der auf den eigentlichen Sparkassenverkehr entfällt;

2. bei den inländischen Kirchen und öffentlichrechtlichen kirchlichen Körperschaften und Anstalten und den sonstigen, kirchlichen Zwecken dienenden rechtsfähigen und nichtrechtsfähigen Personenvereinigungen, Anstalten, Stiftungen und Zweckvermögen, die für diese Zwecke laufend oder sonst unmittelbar verwendeten Einkünfte; das gleiche gilt von den Einkünften, die für Zwecke der Bauunterhaltung, der Alters-, Invaliden-, Witwen- und Waisenversorgung sowie für Ausbildung der Geistlichen und für Besoldungen sichergestellt sind, ferner für die Einkünfte der Kirchenbauvereine, Kirchen-, Gemeinde- und Pfarrhausbaufonds sowie einmalige Vermögensanfälle gelegentlich der Auseinandersetzung zwischen Ländern und Religionsgesellschaften.

Den Kirchen stehen die sonstigen als Körperschaften des öffentlichen Rechtes anerkannten inländischen Religionsgesellschaften, ihre wesentlichen Zwecke den kirchlichen Zwecken gleich;

3. die Einkünfte der Personenvereinigungen und Zweckvermögen, die nach der Satzung, Stiftung oder sonstigen Verfassung ausschließlich gemeinnützigen oder mildtätigen Zwecken zugeführt werden;
4. bei Versicherungsaktiengesellschaften die zu Rücklagen für Leistungen aus Versicherungen erforderlichen Beträge;
5. bei Versicherungsvereinen auf Gegenseitigkeit die Einkünfte aus Grundbesitz und Kapitalvermögen, soweit sie auf Rücklagen entfallen, die satzungsgemäß zur Deckung der Verpflichtungen des Unternehmens gegen seine Mitglieder bestimmt sind, ferner sonstige Einkünfte, soweit sie zur Deckung von Betriebsverlusten verwendet werden;
6. die auf Grund der Jahresabschlüsse an Mitglieder des Vorstandes und des Aufsichtsrats, an Angestellte und Arbeiter als Entschädigung oder Belohnung für ihre Tätigkeit gereichten Vergütungen jeder Art;
7. bei Kommanditgesellschaften auf Aktien der Teil des Gewinns, der an persönlich haftende Gesellschafter auf ihre nicht auf das Stammkapital gemachten Einlagen oder als Vergütung (Tantieme) verteilt wird;
8. bei Erwerbsgesellschaften, die nachweislich seit Beginn des der Veranlagung zugrunde gelegten Geschäftsjahrs mindestens ein Fünftel der gesamten Aktien, Kuxe, Anteile und Genuß-

scheine einer anderen Erwerbsgesellschaft besitzen, die hierauf entfallenden Gewinnanteile jeder Art;

9. Steuern, Umlagen auf öffentlich-rechtlicher Grundlage, Beiträge der Mitglieder von Personenvereinigungen sowie gesellschaftliche und genossenschaftliche Einlagen;

10. Einkünfte politischer Parteien und Vereine, soweit sie nicht aus eigenem Gewerbebetriebe stammen.

§ 7.

Vom Gesamtbetrage der Einkünfte sind abzuziehen:

1. Zuwendungen an Unterstützungs-, Wohlfahrts- und Pensionskassen des Betriebs, wenn die dauernde Verwendung für die Zwecke der Kassen gesichert ist;
2. die Steuer gemäß § 10 Abs. 1 des Grunderwerbsteuergesetzes vom 10. September 1919 (Reichs-Gesetzbl. S. 1617) oder die für diese Steuer gemachten jährlichen Rücklagen;
3. die zur Deckung von Unterbilanzen eingestellten Beträge;
4. die Kriegsabgabe vom Mehrgewinne.

§ 8.

Nicht abgezogen werden dürfen:

1. Aufwendungen für die Erfüllung der durch die Stiftung, Satzung oder sonstige Verfassung vorgeschriebenen Zwecke des Steuerpflichtigen, auch soweit sie unter § 13 Abs. 1 Nr. 2 des Einkommensteuergesetzes fallen;

2. die von dem Steuerpflichtigen entrichtete Körperschaftssteuer.

§ 9.

Auf die Ermittlung des steuerbaren Einkommens finden die Vorschriften der §§ 31—38 des Einkommensteuergesetzes sinngemäß Anwendung.

§ 10.

Der Reichsminister der Finanzen kann nähere Bestimmungen über die Voraussetzungen erlassen, unter denen eine Personenvereinigung, ein Zweckvermögen oder ein Zweck als gemeinnützig oder mildtätig im Sinne dieses Gesetzes anzuerkennen ist.

Steuertarif.

§ 11.

Die Steuer beträgt zehn vom Hundert des steuerbaren Einkommens.

§ 12.

Von den Aktiengesellschaften, Kommanditgesellschaften auf Aktien, Kolonialgesellschaften, bergbautreibenden rechtsfähigen Vereinigungen und nichtrechtsfähigen Berggewerkschaften und von Gesellschaften mit beschränkter Haftung, ferner von sonstigen Personenvereinigungen mit wirtschaftlichem Geschäftsbetriebe, deren Zweck die Erzielung wirtschaftlicher Vorteile für sich oder ihre Mitglieder ist (Erwerbsgesellschaften), werden als Steuer erhoben:

1. zehn vom Hundert des gesamten steuerbaren Einkommens,
2. ein Zuschlag von den Beträgen, die aus dem steuerbaren Einkommen wie aus dem Ein-

kommen früherer Jahre als Gewinnanteile irgendwelcher Art verteilt werden, soweit sie mehr als drei vom Hundert des Grund- oder Stammkapitals ausmachen.

Die unter § 4 fallenden Steuerpflichtigen gelten nicht als Erwerbsgesellschaften im Sinne des Abs. 1.

§ 13.

Der Zuschlag beträgt, wenn der zuschlagspflichtige Betrag (§ 12 Nr. 2)

vier vom Hundert des Grund- oder Stammkapitals nicht übersteigt,
zwei vom Hundert der ausgeschütteten Beträge,

sechs vom Hundert des Grund- oder Stammkapitals nicht übersteigt,
drei vom Hundert der ausgeschütteten Beträge,

acht vom Hundert des Grund- oder Stammkapitals nicht übersteigt,
vier vom Hundert der ausgeschütteten Beträge,

zehn vom Hundert des Grund- oder Stammkapitals nicht übersteigt,
fünf vom Hundert der ausgeschütteten Beträge,

zwölf vom Hundert des Grund- oder Stammkapitals nicht übersteigt,
sechs vom Hundert der ausgeschütteten Beträge,

vierzehn vom Hundert des Grund- oder Stammkapitals nicht übersteigt,
sieben vom Hundert der ausgeschütteten Beträge,

sechzehn vom Hundert des Grund- oder Stammkapitals nicht übersteigt,

acht von Hundert der ausgeschütteten Beträge,

achtzehn vom Hundert des Grund- oder Stammkapitals nicht übersteigt,

neun vom Hundert der ausgeschütteten Beträge,

darüber hinausgeht

zehn vom Hundert der ausgeschütteten Beträge.

§ 14.

Die Steuer darf den Betrag, der nach § 12 Abs. 1 Nr. 1 und § 13 für das höchste Einkommen der nächstniedrigen Steuerstufe anzusetzen wäre, wenn dasselbe Verhältnis zwischen dem steuerbaren und dem ausgeschütteten Einkommen zugrunde gelegt wird, nur insoweit übersteigen, als dieses Einkommen hinter dem tatsächlichen steuerbaren Einkommen zurückbleibt.

Von der Steuer aus § 12 Nr. 1 sind diejenigen Körperschaften befreit, die satzungsgemäß nicht mehr als fünf vom Hundert jährlichen Ertrag verteilen dürfen und bei denen ferner für den Fall der Auslosung oder bei Auflösung der Gesellschaft den Aktionären (Gesellschaftern) nicht mehr als der Nennwert der Anteile gewährt wird und bei denen im Falle der Auflösung der Gesellschaft der Überschuß für gemeinnützige Zwecke zu verwenden ist.

§ 15.

Bei ausländischen Erwerbsgesellschaften (§ 1 Abs. 2) unterliegt dem Zuschlag der Teil der ausgeschütteten Gewinnanteile, der verhältnismäßig auf das inländische Grundvermögen und den inländischen Gewerbebetrieb entfällt.

§ 16.

Soweit ein Grund- oder Stammkapital nicht vorhanden ist, tritt an seine Stelle

bei den sonstigen Erwerbsgesellschaften die Summe der Einlagen,

bei Berggewerkschaften und sonstigen bergbautreibenden Vereinigungen die Summe des Erwerbspreises und der Anlage-, Einrichtungs- und Erweiterungskosten des im Betriebe befindlichen Bergwerkes, abzüglich des durch Schuldaufnahme gedeckten Aufwandes oder, soweit diese Summe nicht nachgewiesen wird, der Anschaffungswert der betriebsfähigen Anlagen zuzüglich des Erwerbspreises des Grubenfeldes und abzüglich der zur Anlage, Einrichtung und Erweiterung aufgenommenen Schulden; wird ein Kapitalkonto geführt, so tritt mit Genehmigung des Reichsfinanzministeriums sein Betrag an die Stelle des Grund- oder Stammkapitals.

§ 17.

Im Falle der Auflösung einer Erwerbsgesellschaft ist dem letzten Betriebsergebnisse der Betrag zuzurechnen, um den das zur Verteilung kommende Vermögen das Grund- oder Stammkapital oder die Summe der Einlagen übersteigt, soweit nicht von diesem Betrage schon Körperschafts- oder Einkommensteuer erhoben ist oder er nicht aus steuerfreien Vermögenszugängen stammt. Dies gilt entsprechend in dem Falle, daß das Vermögen einer Erwerbsgesellschaft ohne Auseinandersetzung auf einen anderen übergeht, von dem das Grund- oder Stammkapital oder die Einlagen übersteigenden Werte der Gegenleistung.

Besteht eine Gesellschaft mindestens fünf Jahre, so ist der im Abs. 1 bezeichnete Betrag gesondert zu versteuern, und zwar nach den Steuersätzen, die sich bei der Verteilung des Überschusses auf die letzten fünf Jahre ergeben, mindestens aber mit zwölf vom Hundert.

§ 18.

Wird der Sitz und der Ort der Leitung einer Erwerbsgesellschaft ins Ausland verlegt, so findet § 17 sinngemäß Anwendung. An die Stelle des zur Verteilung kommenden Vermögens tritt der gemeine Wert des vorhandenen Vermögens. Die Steuer bleibt zu dem Betrag unerhoben, der dem Verhältnis des im Inland verbliebenen Grund- und Betriebsvermögens zum gesamten Vermögen der Gesellschaft entspricht.

§ 19.

Für die Steuerberechnung wird das steuerbare Einkommen auf volle hundert Mark nach unten abgerundet.

Veranlagung.

§ 20.

Den Maßstab der Besteuerung bildet das Einkommen des Wirtschaftsjahrs (Geschäftsjahrs), das der Steuerpflichtige angenommen hat, in Ermangelung eines solchen das Einkommen des Kalenderjahrs. Das Geschäftsjahr muß für das gesamte Einkommen einheitlich sein; seine Ergebnisse sind in einheitlicher Rechnung zusammenzufassen.

Die Reihenfolge der Geschäftsjahre darf nicht unterbrochen werden.

§ 21.

Die Veranlagung erfolgt nach Ablauf des maßgebenden Geschäfts- oder Kalenderjahrs. Erlischt die Steuerpflicht, so erfolgt die Veranlagung nach ihrem Erlöschen.

§ 22.

Ist das Geschäftsjahr kürzer oder länger als zwölf Monate, so werden seine tatsächlichen Ergebnisse der Besteuerung zugrunde gelegt. Das gleiche gilt, wenn bei Beendigung der Steuerpflicht ein Geschäftsjahr von zwölf Monaten oder das maßgebende Kalenderjahr noch nicht abgelaufen ist.

§ 23.

Ist zwölf Monate nach Beginn der Steuerpflicht oder nach Ablauf des letzten der Besteuerung zugrunde gelegten Geschäftsjahrs ein neues Geschäftsjahr noch nicht abgeschlossen, so können die Ergebnisse des bis dahin abgelaufenen Zeitraums der Besteuerung zugrunde gelegt werden.

§ 24.

Soweit sich die Steuer nach dem Verhältnis der verteilten Gewinnanteil zum Grund- oder Stammkapital bestimmt, ist zur Feststellung dieses Verhältnisses das Ergebnis eines kürzeren oder längeren Zeitraums auf zwölf Monate umzurechnen.

§ 25.

Eine Veranlagung hat auch stattzufinden

1. bei Umwandlung eines Steuerpflichtigen (§. 1) in einen anderen Steuerpflichtigen;
2. beim Übergange von der beschränkten zur unbeschränkten und beim Übergange von der unbeschränkten zur beschränkten Steuerpflicht.

Steuererklärung.

§ 26.

Die Steuerpflichtigen sind nach Anordnung des Reichsministers der Finanzen zur Abgabe einer Steuererklärung verpflichtet.

§ 27.

Wenn die Steuerpflicht neu entsteht oder erlischt, so hat der Steuerpflichtige von der eingetretenen Veränderung dem Finanzamt nach näherer Anordnung des Reichsministers der Finanzen alsbald Anzeige zu machen.

Steuerbescheid und Entrichtung der Steuer.

§ 28.

Über die zu entrichtende Steuer erteilt das Finanzamt dem Steuerpflichtigen einen schriftlichen Steuerbescheid.

§ 29.

Die Steuer ist binnen einem Monat nach Empfang des Steuerbescheids zu entrichten.

Straf- und Schlußvorschriften.

§ 30.

Die Hinterziehung der Körperschaftssteuer wird mit einer Geldstrafe vom fünf- bis zwanzigfachen Betrage der hinterzogenen Steuer bestraft. Neben der Geldstrafe kann auf Gefängnis erkannt werden.

§ 31.

Einnahmen aus Anleihen des Deutschen Reichs sind von der Körperschaftssteuer befreit, soweit bei der Begebung Befreiung von der Einkommensteuer zugesichert worden ist.

§ 32.

Die Ausführungsbestimmungen zu diesem Gesetz erläßt der Reichsminister der Finanzen mit Zustimmung des Reichsrats.

§ 33.

Im Falle der Auflösung oder des Vermögensüberganges einer Erwerbsgesellschaft, die zum Reichsnotopfer veranlagt worden ist, tritt an die Stelle des Grund- oder Stammkapitals oder der Summe der Einlagen in den Fällen der §§ 17, 18 das Vermögen, das für das Reichsnotopfer festgestellt wurde.

§ 34.

Der Körperschaftssteuer unterliegt erstmalig das Einkommen des nach dem 31. März 1919 abgelaufenen Geschäftsjahrs, in Ermangelung eines besonderen Geschäftsjahrs das Einkommen des Kalenderjahrs 1919. Die Steuer wird nur zu dem Teile erhoben, der dem seit 1. April 1919 laufenden Teile dieses Jahres entspricht.

Landesrechtliche Einkommensteuern, die aus dem im Abs. 1 Satz 1 bezeichneten Einkommen angesetzt worden sind, dürfen nur erhoben werden, soweit sie auf den bis 31. März 1920 laufenden Zeitraum des landesrechtlichen Rechnungsjahrs entfallen. Dasselbe gilt von der Einkommensteuer, die an Stelle der Steuer aus diesem Einkommen erhoben wird. Die nach Abs. 1 anzusetzende Körperschaftssteuer ist um diese Beträge zu ermäßigen.

Berlin, den 30. März 1920.

Der Reichspräsident.
Ebert.

Der Reichsminister der Finanzen.
Dr. Wirth.

III. Kapitalertragsteuergesetz.

Vom 29. März 1920 (RGBl. S. 345).

Die verfassunggebende Deutsche Nationalversammlung hat das folgende Gesetz beschlossen, das mit Zustimmung des Reichsrats hiermit verkündet wird:

Steuerbare Kapitalerträge.

§ 1.

Von den Erträgen aus Kapitalvermögen wird für das Reich nach den Vorschriften dieses Gesetzes eine Steuer (Kapitalertragsteuer) erhoben.

§ 2.

Steuerbare Kapitalerträge (§ 1) sind ohne Rücksicht darauf, ob sie in einem land- oder forstwirtschaftlichen oder gewerblichen Betrieb oder außerhalb eines solchen anfallen,

I. die Erträge aus inländischen Kapitalanlagen, nämlich:

1. Dividenden, Zinsen, Ausbeuten und sonstige Gewinne, welche entfallen auf Aktien, Kuxe, Genußscheine sowie auf Anteile an der Reichsbank, an Kolonialgesellschaften, an bergbautreibenden Vereinigungen, welche die Rechte einer juristischen Person haben, an Genossenschaften und an Gesellschaften mit beschränkter Haftung;

2. Zinsen von Anleihen, die in öffentlichen Schuldbüchern eingetragen oder über die Teilschuldverschreibungen ausgegeben sind;
3. Zinsen, die bei Lebens-, Kapital- und Rentenversicherungsunternehmungen auf die Prämienreserve der Versicherten rechnungsmäßig nach dem Geschäftsplan entfallen;
4. Zinsen von Forderungen, die auf Grund einer Vereinbarung entrichtet werden. Das gleiche gilt für gesetzliche Zinsen, soweit die Fälligkeit der Forderung länger als sechs Monate zurückliegt; die Frist erstreckt sich auf zwei Jahre, soweit es sich um Ansprüche der in den §§ 196, 197 des Bürgerlichen Gesetzbuchs bezeichneten Art handelt;
5. Zinsen von Grundschulden, Renten von Rentenschulden sowie Zinsen von Hypotheken, soweit diese Zinsen nicht unter Nr. 4 fallen. Bei Tilgungshypotheken und Tilgungsgrundschulden gilt nur der Teil der Zahlung als Kapitalertrag, der auf den jeweiligen Kapitalrest als Zins entrichtet wird. Forderungen, für die eine Hypothek an einem inländischen Grundstück bestellt ist, gelten im Sinne dieses Gesetzes stets als inländische Kapitalanlagen;
6. vererbliche Rentenbezüge;
7. Diskontbeträge von Wechseln und Anweisungen einschließlich der Schatzwechsel, soweit es sich um Kapitalanlagen handelt;

II. die Erträge aus ausländischen Kapitalanlagen der in der Nr. I 1 bis 7 bezeichneten Art.

Als Kapitalerträge im Sinne des Abs. 1 gelten auch besondere Entgelte oder Vorteile, die neben Kapitalerträgen der im Abs. 1 genannten Art oder an deren Stelle gewährt werden.

§ 3.

Von der Steuer werden befreit:

1. die Kapitalerträge der im § 2 bezeichneten Art, welche öffentlichen Sparkassen, eingetragenen Genossenschaften, deren Geschäftsbetrieb nicht über den Kreis ihrer Mitglieder hinausgeht, sowie den in ihrer Hauptbestimmung als Zentralen der Genossenschaften wirkenden Gesellschaften mit beschränkter Haftung und Aktiengesellschaften, deren Gesellschafter und Aktionäre ausschließlich oder doch überwiegend Genossenschaften sind, oder den Trägern der reichsgesetzlichen Kranken-, Unfall-, Invaliden- und Hinterbliebenen- und Angestelltenversicherung, den Besoldungs-, Ruhegehalts- und Versorgungskassen der Religionsgesellschaften des öffentlichen Rechtes sowie den Pensionskassen für Beamte und Angestellte, soweit sie unter staatlicher oder öffentlicher Verwaltung oder Aufsicht stehen, zufließen.

   Die Befreiung kann in Einzelfällen durch den Reichsminister der Finanzen im Einvernehmen mit den Landesregierungen auf nichtöffentliche Sparkassen ausgedehnt werden.

   Die Befreiung der Sparkassen tritt insoweit nicht ein, als sie Geschäfte betreiben, die dem eigentlichen Sparkassenverkehre fremd sind.

2. die Kapitalerträge der im § 2 bezeichneten Art, welche zufließen:
   a) Universitäten, Hochschulen und ähnlichen Anstalten und Gesellschaften, ferner solchen Anstalten, die im Falle der Unzulänglichkeit der eigenen Mittel vom Reiche, von einem Lande oder von einer sonstigen öffentlich-rechtlichen Körperschaft ganz oder teilweise unterhalten werden, sowie Stiftungen, deren Zwecke im Falle der Unzulänglichkeit der eigenen Mittel vom Reiche, von einem Lande oder von einer sonstigen öffentlich-rechtlichen Körperschaft ganz oder teilweise erfüllt werden;
   b) Stiftungen, Anstalten, Kassen und Personenvereinigungen, soweit sie ohne Beschränkung auf einen bestimmten engeren Personenkreis mildtätigen oder gemeinnützigen Zwecken dienen;
   c) öffentlich-rechtlichen Berufsvertretungen sowie Berufsverbänden ohne öffentlich-rechtlichen Charakter, deren Zweck nicht auf einen wirtschaftlichen Geschäftsbetrieb gerichtet ist;
3. die im § 2 Abs. 1 Nr. I 4, 5 und 7 bezeichneten inländischen und die entsprechenden ausländischen Kapitalerträge (§ 2 Abs. 1 Nr. II), welche Sparkassen, soweit sie nicht bereits unter Nr. 1 fallen, Lebens-, Kapital- und Rentenversicherungsunternehmungen, unter Staatsaufsicht stehenden Hypothekenbanken und Schiffspfandbriefbanken, öffentlich-rechtlichen Kreditanstalten und Kreditgenossenschaften anfallen. Die Befreiung beschränkt sich bei den Sparkassen auf

die dem Sparkassenverkehr eigenen Geschäfte, im übrigen auf das der Anschaffung und Darleihung von Geld dienende Geschäft.

Die im Abs. 1 bezeichneten Kapitalerträge sind auch dann steuerfrei, wenn sie der Anschaffung und der Darleihung von Geld dienenden Unternehmungen anfallen, die auf Grund des § 76 des Reichsstempelgesetzes vom 3. Juli 1913 (Reichs-Gesetzbl. S. 639) in der Fassung des Gesetzes vom 26. Juli 1918 (Reichs-Gesetzbl. S. 799) angemeldet sind. Jedoch unterliegt der Steuer der Überschuß der Zinseinnahmen über die Zinsausgaben im laufenden Rechnungsverkehre nach Kürzung desjenigen Anteils an den Handlungsunkosten, der sich im Verhältnis dieses Überschusses zu den Gesamteinnahmen der Unternehmung ergibt; außer Ansatz bleiben hierbei die Zinsen, die von einer Unternehmung der vorbezeichneten Art einer Unternehmung gleicher Art belastet oder vergütet werden. Soweit nach dem Inkrafttreten dieses Gesetzes eine Anmeldung auf Grund des § 76 des Reichsstempelgesetzes nicht mehr erfolgen kann, bestimmt der Reichsminister der Finanzen die Voraussetzungen, unter denen Unternehmungen, die der Anschaffung und Darleihung von Geld dienen, einer angemeldeten Unternehmung im Sinne dieser Vorschrift gleichzustellen sind;

4. die Kapitalerträge der im § 2 Abs. 1 Nr. I 1 bezeichneten Art aus Anteilen an Genossenschaften, bei denen das Geschäftsguthaben des

einzelnen Genossen satzungsgemäß fünftausend Mark nicht übersteigen darf, sowie aus den Anteilen an den in ihrer Hauptbestimmung als Zentralen der Genossenschaften wirkenden Genossenschaften, Gesellschaften mit beschränkter Haftung und Aktiengesellschaften, deren Genossen, Gesellschafter und Aktionäre ausschließlich oder doch überwiegend Genossenschaften sind oder deren wirtschaftliche Betätigung ausschließlich oder doch überwiegend den angeschlossenen Genossenschaften zugute kommt;

5. die Kapitalerträge der im § 2 Abs. 1 Nr. I 1 bezeichneten Art, die entfallen auf Anteile an Gesellschaften mit beschränkter Haftung, deren Stammkapital nicht mehr als dreihunderttausend Mark beträgt oder bei denen, abgesehen von Ehefrauen und Kindern der Gesellschafter, nicht mehr als drei Gesellschafter beteiligt sind und zu Geschäftsführern lediglich Gesellschafter bestellt sind;

6. die im § 2 Abs. 1 Nr. I 4, 5 und 7 bezeichneten Kapitalerträge, die dem Reiche, den Ländern oder Gemeinden (Gemeindeverbänden), den Kirchen sowie den kirchlichen und religiösen Gemeinschaften des öffentlichen Rechtes, oder, soweit sie nicht bereits unter Nr. 1 fallen, den Trägern der reichsgesetzlichen Kranken-, Unfall-, Alters-, Invaliden-, Hinterbliebenen- und Angestelltenversicherung als Gläubiger zufließen, ferner die im § 2 Abs. 1 Nr. I 2 bezeichneten Kapitalerträge, soweit sie auf Ausleihung der

Länder und Gemeinden (Gemeindeverbände) an das Reich beruhen;

7. Kapitalerträge aus Wertpapieren oder Schuldbuchforderungen, welche gemäß § 6 Abs. 4, § 22 Abs. 1 Satz 2, § 41 Abs. 1, § 42 Abs. 1 des Hypothekenbankgesetzes vom 13. Juli 1899 (Reichs-Gesetzbl. S. 375) als Deckung für ausgegebene Pfandbriefe sowie Kommunal- und Kleinbahnobligationen und gemäß §§ 56 und 57 des Gesetzes über die privaten Versicherungsunternehmungen vom 12. Mai 1901 (Reichs-Gesetzbl. S. 139) zur Anlegung der den Prämienreservefonds bildenden Bestände bei der Lebensversicherung in ein Register eingetragen sind;

8. Zinsen, Dividenden und sonstige Gewinnbeträge der im § 2 Abs. 1 Nr. I 1, 2 bezeichneten Art, sofern Gläubiger und Schuldner die gleiche Person ist;

9. Kriegsanleihezinsen, soweit ihnen Darlehnszinsen gegenüberstehen und die Darlehen nachweislich zur Zeichnung oder zur Aufrechterhaltung des Besitzes gezeichneter Kriegsanleihen aufgenommen sind. In diesem Falle beschränkt sich die auf den Gesamtbetrag der Kriegsanleihezinsen errechnete Steuer auf den Betrag, um den die Kriegsanleihezinsen die Darlehnszinsen übersteigen;

10. Kapitalerträge, die einem Unternehmen der im § 2 Abs. 1 Nr. I 1 bezeichneten Art aus der Beteiligung an einem anderen derartigen Unternehmen zufließen, sofern eine solche Beteiligung

mindestens ein Fünftel der gesamten Aktien, Kuxe, Genußscheine oder Anteile an dem anderen Unternehmen umfaßt und mindestens seit Beginn des letzten verflossenen Geschäftsjahrs besteht.

Die Befreiungsvorschrift nach Abs. 1 Nr. 1, 2 und 7 gilt nur für Erträge aus solchen Kapitalanlagen, die sich vor dem 1. Oktober 1919 im Besitze der genannten Anstalten befunden haben. Das gleiche gilt im Falle der Nr. 6 für die Kapitalerträge der im § 2 Abs. 1 Nr. I 2 bezeichneten Art.

Die Steuerbefreiung erfolgt, soweit sie die Kapitalerträge der im § 2 Abs. 1 Nr. I 1, 2 bezeichneten Art betrifft, im Wege der Erstattung, bei den übrigen Kapitalerträgen nach näherer Bestimmung des Reichsministers der Finanzen.

§ 4.

Die Kapitalerträge der im § 2 Abs. 1 Nr. I 1, 2 bezeichneten Art unterliegen der Steuer, wenn der Ort der Leitung des Schuldners im Inland liegt. Der Reichsminister der Finanzen kann bestimmen,

1. daß der Ort der Leitung von Unternehmen der im § 2 Abs. 1 Nr. I 1 bezeichneten Art als im Inland befindlich gilt, wenn ihr Geschäftsbetrieb überwiegend im Inland erfolgt, ohne daß ihr Sitz im Inland sich befindet;
2. daß der Ort der Leitung von Unternehmen der im § 2 Abs. 1 Nr. I 1 bezeichneten Art als nicht im Inland befindlich gilt, wenn ihr Geschäftsbetrieb überwiegend nicht im Inland erfolgt, obschon sich ihr Sitz im Inland befindet.

Die Kapitalerträge der im § 2 Abs. 1 Nr. I 3 bezeichneten Art unterliegen der Steuer, wenn der Ort der Leitung des Schuldners im Inland liegt oder wenn in Ermangelung eines inländischen Ortes der Leitung eine inländische Niederlassung besteht. Bei Lebens-, Kapital- und Rentenversicherungsunternehmungen mit inländischem Orte der Leitung bleiben die Kapitalerträge steuerfrei, soweit sie rechnungsmäßig auf die Prämienreserven solcher Versicherten entfallen, die im Inland weder einen Wohnsitz noch ihren gewöhnlichen Aufenthalt haben. Bei Lebens-, Kapital- und Rentenversicherungsunternehmungen mit ausländischem Orte der Leitung, aber inländischer Niederlassung unterliegen die Kapitalerträge nur insoweit der Steuer, als sie rechnungsmäßig auf die Prämienreserven solcher Versicherten entfallen, die im Inland ihren Wohnsitz oder gewöhnlichen Aufenthalt haben.

Die Kapitalerträge der im § 2 Abs. 1 Nr. I 5 bezeichneten Art unterliegen der Steuer, wenn das belastete Grundstück im Inland liegt. Das gleiche gilt für die Kapitalerträge der im § 2 Abs. 1 Nr. I 4 bezeichneten Art, wenn für die Forderung eine Hypothek an einem inländischen Grundstück bestellt ist.

Die Kapitalerträge der im § 2 Abs. 1 Nr. I 4, 6 und 7 und Nr. II bezeichneten Art unterliegen der Steuer, wenn die Gläubiger (Berechtigten) sind:

1. Deutsche, mit Ausnahme derer, die sich seit länger als zwei Jahren dauernd im Ausland aufhalten, ohne einen Wohnsitz im Inland zu haben, sowie der Auslandsdeutschen im Sinne

des § 20 Abs. 1 Nr. 3 des Gesetzes gegen die Steuerflucht vom 26. Juli 1918 (Reichs-Gesetzbl. S. 951) vom Zeitpunkt ihrer Rückkehr ins Ausland ab. Beamte des Reichs und der Länder und Militärpersonen, die im Ausland ihren dienstlichen Wohnsitz haben, sind ohne Rücksicht auf die Dauer ihres Aufenthalts im Ausland steuerpflichtig. Wahlkonsuln gelten nicht als Beamte im Sinne dieser Vorschrift;

2. Nichtdeutsche, die im Deutschen Reiche einen Wohnsitz oder des Erwerbes wegen oder länger als sechs Monate ihren gewöhnlichen Aufenthalt haben. Wird die Steuerpflicht durch einen Aufenthalt von mehr als sechs Monaten begründet, so erstreckt sich Steuerpflicht auch auf die ersten sechs Monate;

3. juristische Personen, deren Ort der Leitung im Inland liegt, oder inländische Vermögensmassen, die nicht dem Vermögen anderer Personen zuzurechnen sind, insbesondere nicht rechtsfähige Vereine und Stiftungen ohne juristische Persönlichkeit. Die Vorschrift des Abs. 1 Satz 2 findet Anwendung.

Kapitalerträge der im § 2 Abs. 1 Nr. I 4, 6 und 7 und Nr. II bezeichneten Art sind, soweit sie im Geschäftsbetrieb einer ausländischen Niederlassung anfallen, steuerfrei, soweit sie im Geschäftsbetrieb einer inländischen Niederlassung anfallen, steuerpflichtig.

Wer die Befreiung von der Steuer beansprucht, hat die Voraussetzungen hierfür nach näherer Bestimmung des Reichsministers der Finanzen nachzuweisen.

§ 5.

Der Steuer unterliegt der volle Kapitalertrag ohne Abzug von Schuldzinsen, Werbungskosten und der Kapitalertragsteuer.

Von den Erträgen ausländischer Kapitalanlagen (§ 2 Abs. 1 Nr. II) können die auf dem Ertrage ruhenden ausländischen Steuern abgezogen werden.

Steuersatz.

§ 6.

Die Steuer beträgt zehn vom Hundert des Kapitalertrags.

Wenn der Ertrag nicht in Geld besteht, so ist er nach dem gemeinen Werte in Geld umzurechnen. Der Steuerbetrag wird auf volle Pfennig nach oben abgerundet.

Steuerträger.

§ 7.

Steuerträger ist der Gläubiger.

§ 8.

Eine Vereinbarung, wonach der Schuldner die Steuer zugunsten des Gläubigers übernimmt, ist nichtig.

Steuerentrichtung und Haftung.

§ 9.

In den Fällen des § 2 Abs. 1 Nr. I 1 bis 3 hat der Schuldner der Kapitalerträge die Steuer für Rechnung des Gläubigers (Steuerträger) innerhalb eines Monats nach Fälligkeit zu entrichten. Der Schuldner haftet für die Entrichtung des Steuerbetrags.

In den Fällen des § 2 Abs. 1 Nr. I 4 bis 6 haften für die Steuer der Schuldner und der Gläubiger (Steuerträger) als Gesamtschuldner. Die Art der Steuerentrichtung bestimmt der Reichsminister der Finanzen. Er kann auch bestimmen, daß der Gläubiger oder der Schuldner allein haftet. Die erlassenen Bestimmungen oder deren Abänderung sind dem Reichstag spätestens bei seinem nächsten Zusammentreten vorzulegen.

In den Fällen des § 2 Abs. 1 Nr. I 7 und Nr. II hat der Gläubiger der Kapitalerträge (Steuerträger) auf Grund eines schriftlichen Steuerbescheids, der auf eine Steuererklärung des Gläubigers ergeht, nach näherer Bestimmung des Reichsministers der Finanzen zu entrichten.

Fälligkeit der Steuer.

§ 10.

In den Fällen des § 9 Abs. 1 ist die Steuer zugleich mit dem Kapitalertrage fällig. Unterbleibt die Zahlung aus Gründen, die nicht in der Person des Gläubigers liegen, wird die Steuer erst mit der Zahlung des Kapitalertrags fällig.

In den Fällen des § 9 Abs. 2 ist die Steuer bei der Zahlung des Kapitalertrags fällig.

In den Fällen des § 9 Abs. 3 ist die Steuer einen Monat nach Zustellung des schriftlichen Steuerbescheids an den Gläubiger der Kapitalerträge fällig.

Zuständigkeit.

§ 11.

Die Zuständigkeit des Finanzamts bestimmt sich in den Fällen des § 2 Abs. 1 Nr. I 1 bis 3 nach dem Orte der Leitung des Schuldners.

Strafvorschrift.

§ 12.

Die Hinterziehung der Kapitalertragsteuer wird mit einer Geldstrafe im einfachen bis zwanzigfachen Betrage der hinterzogenen Steuer bestraft. Daneben kann auf Gefängnis erkannt werden.

Übergangs- und Schlußvorschriften.

§ 13.

Bei Renten, die bei Inkrafttreten dieses Gesetzes bereits bestehen, kann der Rentenverpflichtete, soweit er die Rente auf Grund einer Kapitalnutzung entrichtet, dem Rentenbezieher von der Rente fortlaufend einen Betrag in Abzug bringen, durch den auf die Schmälerung des Kapitalertrags infolge der Steuer billige Rücksicht genommen wird.

§ 14.

Kapitalerträge, die bei Inkrafttreten dieses Gesetzes bereits fällig waren, unterliegen der Steuer nicht. Das gleiche gilt unabhängig vom Zeitpunkt der Fälligkeit für die im § 2 Abs. 1 Nr. I 1 bezeichneten Erträge aus einem spätestens am 31. Dezember 1919 abgelaufenen Geschäftsjahr, für die übrigen im § 2 bezeichneten Erträge aus einer Besitzzeit vor dem 1. Oktober 1919.

Am 31. März 1920 oder später fällig gewordene Kapitalerträge unterliegen auch dann der Steuer, wenn sie vor dem Inkrafttreten dieses Gesetzes ausbezahlt worden sind. Dies gilt nicht für spätestens am 1. April 1920 fällige Zinsscheine (§ 2 Abs. 1 Nr. I 2), deren Einlösung oder Gutschrift vor dem 3. März 1920 erfolgt ist.

§ 15.

Der Reichsminister der Finanzen ist für die Dauer eines Jahres ermächtigt zu bestimmen, daß der Steuerbetrag auf volle fünf Pfennig nach oben abgerundet wird.

§ 16.

Von der Kapitalertragsteuer befreit sind Einnahmen aus Anleihen des Deutschen Reichs, soweit bei deren Begebung Befreiung von der Kapitalertragsteuer zugesichert worden ist.

§ 17.

Die Ausführungsbestimmungen zu diesem Gesetz erläßt der Reichsminister der Finanzen mit Zustimmung des Reichsrats.

§ 18.

Dieses Gesetz tritt am 31. März 1920 in Kraft. Mit diesem Tage treten die Vorschriften der §§ 76 bis 78 und der Tarifnummer 10 des Reichsstempelgesetzes vom 3. Juli 1913 in der Fassung des Gesetzes vom 26. Juli 1918 außer Kraft

Berlin, den 29. März 1920.

Der Reichspräsident. Ebert.

Der Reichsminister der Finanzen. Dr. Wirth.

IIIa. Vorläufige Vollzugsanweisung.

Da die Ausführungsbestimmungen zum Kapitalertragsteuergesetz, denen nach § 17 des Gesetzes der Reichsrat zuzustimmen hat, unter den gegebenen Verhältnissen nicht mehr vor dem 31. März 1920, dem Tage des Inkrafttretens des Gesetzes erlassen werden können, verordne ich, zugleich unter Bezugnahme auf § 444 Abs. 3 der Reichsabgabenordnung, zum Zwecke der Durchführung des Gesetzes für die zunächst bevorstehenden Zinstermine folgendes:

Inkrafttreten des Gesetzes.

§ 1.

Das Kapitalertragsteuergesetz tritt am 31. März 1920 in Kraft. Ihm unterliegen alle Kapitalerträge, die am 31. März 1920 oder später fällig werden, auch wenn sie vor dem 31. März 1920 ausgezahlt sind.

Frei bleiben nur:

a) die Dividenden und die sonstigen im § 2 Nr. I, 1 aufgeführten Erträge aus einem spätestens am 31. Dezember 1919 abgelaufenen Geschäftsjahr, auch wenn sie erst nach dem Inkrafttreten des Gesetzes fällig werden,

b) die spätestens am 1. April 1920 fällig werdenden Zinsscheine (§ 2 Nr. I, 2), die vor dem 3. März 1920 eingelöst sind,

c) die unter § 2 Nr. I, 2 bis 7 und Nr. II fallenden Erträge, soweit sie für einen vor dem 1. Oktober 1919 liegenden Zeitraum ausgezahlt werden.

Steuerbare Kapitalerträge.

§ 2.

Der Kapitalertragsteuer unterliegen die im § 2 des Gesetzes aufgezählten Erträge.

Es macht keinen Unterschied, ob die Kapitalanlagen innerhalb oder außerhalb des Deutschen Reichs verwaltet werden, ob die Erträge aus inländischen oder ausländischen Kapitalanlagen stammen, ob die Zinsen erhoben oder zum Kapital geschlagen werden, ob die Erträge in einem land- oder forstwirtschaftlichen oder gewerblichen Betrieb oder außerhalb eines solchen anfallen (ausgenommen Diskontbeträge von Wechseln und Anweisungen gemäß § 2 Abs. I, 7), ob es sich um regelmäßig wiederkehrende Erträge oder um besondere Entgelte oder Vorteile, die neben regelmäßig wiederkehrenden Erträgen oder an deren Stelle gewährt werden (z. B. Bonus, Agio bei nicht verzinslichen Schatzanweisungen, Obligationen, Lospapieren), handelt; Bezugsrechte gelten nicht als steuerbarer Kapitalertrag.

Für die zunächst bevorstehenden Zinstermine kommen nur inländische Kapitalerträge, und zwar der im § 2 Nr. I, 1 bis 6 bezeichneten Art in Frage. Als inländische Kapitalanlagen gelten solche, bei denen der Wohnsitz oder der Ort der Leitung des Schuldners (vgl. § 52 der Reichsabgabenordnung) im Inlande liegt sowie alle Forderungen, für die eine Hypothek an einem inländischen Grundstücke bestellt ist. Zu den im § 2 Nr. I, 1 bis 6 aufgeführten Erträgen gehören insbesondere: Erträge aus Beteiligungen an Gesellschaften, deren Geschäftsjahr erst nach dem 31. Dezember 1919 abgelaufen ist oder abläuft, Zinsen aus Kapitalforderungen, aus Anleihen oder Schuldverschreibungen (einschließlich der Schuldbuchforderungen) des Reichs, der Länder, Gemeinden, anderer öffentlicher Verbände, aus Eisenbahn- und Industrieobligationen, Pfandbriefen, Zinsen aus Darlehen, worunter auch die Vermögenseinlage des stillen Gesellschafters fällt, aus Kautionen, Hinterlegungsgeldern, Einlagen bei Sparkassen und Banken, aus Abrechnungs- und Kontokorrentguthaben, Zinsen von Hypotheken und Grundschulden, Renten von Rentenschulden und vererbliche Renten.

Nicht steuerpflichtig sind die Gewinnanteile der Gesellschafter der offenen Handelsgesellschaft, der persönlich haftenden Gesellschafter und der Kommanditisten der Kommanditgesellschaft, die Gewinnanteile der persönlich haftenden Gesellschafter einer Kommanditgesellschaft auf Aktien, die Warenumsatzdividenden der Mitglieder der Konsumvereine, die Agiobeträge bei verzinslichen Schatzanweisungen.

Von den im § 2 Nr. I, 1 bis 6 aufgeführten Erträgen sind die unter Nr. 1 bis 3 aufgezählten steuerpflichtig, wenn der Ort der Leitung des Schuldners im Inland liegt, ohne daß es auf die persönlichen Verhältnisse des Gläubigers ankommt. Die Erträge aus der Beteiligung an inländischen Gesellschaften, die Zinsen aus Anleihen oder Schuldverschreibungen des Reichs, der Länder, der Gemeinden und anderer inländischer öffentlicher Verbände, die Zinsen aus inländischen Eisenbahn- und Industrieobligationen, die Zinsen inländischer Pfandbriefe unterliegen also auch dann der Steuer, wenn der Gläubiger sonst im Inlande nicht steuerpflichtig ist.

Zinsen von Forderungen, für die eine Hypothek an einem inländischen Grundstücke bestellt ist (§ 2 Nr. I, 5), sind ebenfalls ohne Rücksicht auf die persönlichen Verhältnisse des Gläubigers kapitalertragsteuerpflichtig. Derartige Erträge unterliegen also z. B. auch dann der Steuer, wenn der Gläubiger ein im Ausland wohnhafter Ausländer ist.

Die im § 2 Nr. I, 4 und 6 aufgeführten Erträge sind nur steuerpflichtig, wenn in der Person des Gläubigers die Voraussetzungen des § 4 Abs. 4 des Gesetzes erfüllt sind, d. h. wenn der Gläubiger einkommen- oder körperschaftssteuerpflichtig ist.

Die im § 2 Nr. I, 7 (Diskontbeträge von Wechseln und Anweisungen) und Nr. II (ausländische Kapitalerträge) aufgeführten Erträge kommen für die zunächst bevorstehenden Zinstermine noch nicht in Frage, da sie anders als die bisher genannten Erträge nicht bei Fälligkeit oder Zahlung durch den Schuldner (vgl. Nr. 7), sondern nach Ablauf eines noch näher zu bestimmenden Zeitraums auf Grund einer Steuererklärung des Gläubigers vom Gläubiger versteuert werden.

§ 3.

Der Steuer unterliegt der volle Kapitalertrag.

Nichtabzug der Schuldenzinsen.

Schuldzinsen, Werbungskosten und Steuern dürfen von den im § 2 Nr. I, 1 bis 6 aufgeführten Erträgen nicht abgezogen werden. Eine Ausnahme besteht nur für den Fall, daß zur Zeichnung von Kriegsanleihen Darlehen aufgenommen sind. In diesem Falle sind nach § 3 Abs. 1 Nr. 9 die Kriegsanleihezinsen insofern steuerfrei, als ihnen entsprechende Darlehnszinsen gegenüberstehen; es beschränkt sich die Steuer auf den Betrag, um den die Kriegsanleihezinsen die Darlehnszinsen übersteigen.

Beispiele für § 3 Abs. 1 Nr. 9:

a) Zur Zeichnung von 100000 Mark Kriegsanleihe sind 98000 Mark Darlehen zu 4 vom Hundert aufgenommen. Die Kriegsanleihezinsen betragen 5000, die Darlehnszinsen 3920 Mark. Die Steuer mit 500 Mark ist voll zu zahlen.

b) Wie a, nur sind 98000 Mark Darlehen zu 4¾ vom Hundert aufgenommen, die Kriegsanleihezinsen betragen 5000, die Darlehnszinsen 4655 Mark. Es sind nur 345 Mark Steuer zu zahlen.

c) Wie a, es sind 98000 Mark Darlehen zu 5½ vom Hundert aufgenommen, die Kriegsanleihezinsen betragen 5000, die Darlehnszinsen 5390 Mark. Es ist keine Steuer zu zahlen.

Die Befreiung erfolgt im Wege der Erstattung (vgl. Nr. 8).

Steuersatz.

§ 4.

Die Steuer beträgt unterschiedslos 10 vom Hundert des Kapitalertrags.

§ 5.

Die Steuer hat der Gläubiger zu tragen. Er ist der alleinige Steuerträger. Vereinbarungen, wonach der Schuldner die Steuer zugunsten des Gläubigers übernimmt, sind nichtig.

Abrundung.

§ 6.

Der Steuerbetrag wird auf volle Pfennig nach oben abgerundet.

Der Steuerbetrag ist auf volle fünf Pfennig nach oben abzurunden, wenn die Entrichtung des Kapitalertrags in anderer Weise als durch Gutschrift erfolgt und der Gläubiger (Steuerpflichtige) nicht die bei einer Abrundung auf volle Pfennig in Frage kommenden Pfennigbeträge herausgeben kann.

Steuerbeträge bis fünf Pfennig bleiben unerhoben.

Die Abrundung erfolgt erst nach Zusammenrechnung der Kapitalerträge gleicher Art; als Kapitalerträge gleicher Art gelten alle Kapitalerträge, bei denen der Schuldner dieselbe Person ist.

Steuerentrichtung.

§ 7.

Die Entrichtung der Steuer von den im § 2 Nr. I, 1 bis 6 aufgeführten Kapitalerträgen erfolgt in der Weise, daß der Schuldner des Kapitalertrags für Rechnung des Gläubigers (Steuerträgers) zehn vom Hundert des Kapitalertrags als Steuer einbehält und binnen einem Monat nach Fälligkeit abführt.

Der Steuerbetrag wird, soweit das Reich selbst oder die Länder Schuldner der Kapitalerträge sind, an die Reichshauptkasse, im übrigen an das für den Schuldner zuständige Finanzamt abgeführt. Zuständig ist das Finanzamt, an das der Schuldner seine Einkommensteuer zu entrichten hat. Soweit Finanzämter noch nicht eingerichtet sind, bestimmt das Landesfinanzamt die für die Einzahlung der Steuer zuständige Stelle.

Der abzuführende Betrag wird von dem Gesamtbetrage der Zinsen, die ein Schuldner an einem Fälligkeitstage jeweilig zu entrichten hat, berechnet.

Beträge, die durch die Zusammenrechnung bei der Abrundung nach oben (vgl. Nr. 6 Abs. 3) übrig bleiben, verbleiben dem Schuldner.

Bei der Abführung des Betrags hat der Schuldner Namen, Wohnort und Wohnung seines Gläubigers Kapitalschuld, Zinsfuß, Zinsbetrag und die Zeit, für die der Zins gezahlt wird, anzugeben. Sofern das Reich, die Länder, Gemeinden, sonstige öffentlichen Verbände, Gesellschaften der im § 2 Nr. I, 1 bezeichneten Art, Hypothekenbanken, Schiffspfandbriefbanken, öffentlich-rechtliche Kreditanstalten, Kreditgenossenschaften, Sparkassen oder Unternehmungen der im § 3 Abs. 1 Nr. 3 Satz 2 bezeichneten Art die Zinsschuldner sind, können sie den Gesamtbetrag,' der auf gleichartige Schulden entfällt, in einer Summe ohne Nennung des Namens der einzelnen Gläubiger angeben.

Für die Besteuerung der im § 2 Nr. I, 4 bis 6 aufgeführten Erträge bestimme ich auf Grund des § 9 Abs. 2 des Gesetzes folgendes:

Die Hypotheken- und sonstigen Darlehnsschuldner sowie diejenigen Personen, die vererbliche Renten auszuzahlen haben, sind verpflichtet, für Rechnung des Gläubigers zehn vom Hundert der Zinsen einzubehalten, binnen einem Monat nach der Zinszahlung an das Finanzamt abzuführen und die ihnen vom Finanzamt erteilte Quittung an den Gläubiger zu übersenden. Sie sind für die Zahlung der Steuer persönlich verantwortlich. Wer diese Verpflichtung vorsätzlich oder fahrlässig nicht erfüllt, kann wegen Steuerhinterziehung oder Steuergefährdung strafrechtlich verfolgt werden. Die Verpflichtung zur Übersendung der Quittung an den Gläubiger besteht nicht, wenn das Reich, die Länder, Gemeinden, sonstige öffentliche Verbände, Gesellschaften der im § 2 Nr. I, 1 bezeichneten Art, Hypothekenbanken, Schiffspfandbriefbanken, öffentlich-rechtliche Kreditanstalten, Kreditgenossenschaften, Sparkassen oder Unternehmungen der im § 3 Abs. 1 Nr. 3 Satz 2 bezeichneten Art die Zinsschuldner sind.

Hat der Gläubiger entgegen den gesetzlichen Vorschriften den vollen Zinsbetrag ohne Abzug der Steuer oder mehr als neunzig vom Hundert des Zinsbetrags erhalten, so ist er seinerseits verpflichtet, die Steuer zu entrichten und zwar an das für ihn zuständige Finanzamt innerhalb eines Monats nach Erhalt der Zahlung.

Befreiungen (§ 3 des Gesetzes).

§ 8.

Die Befreiungsfälle sind im § 3 des Gesetzes aufgezählt. Die Befreiung hat, soweit es sich um Kapitalerträge nach § 2 Nr. I, 1, 2 handelt, im Wege der Erstattung zu erfolgen. Für die übrigen Fälle bestimme ich folgendes:

Ob und in welchem Umfang die Voraussetzungen für eine Befreiung vorliegen, muß zunächst in jedem Falle grundsätzlich geprüft werden. Die einmal getroffenen Feststellungen werden dann in einer Reihe von Fällen (z. B. ob eine Stiftung mildtätigen oder gemeinnützigen Zwecken dient, ob eine Sparkasse zu den öffentlichen zählt) für die Zukunft Gültigkeit behalten. Da nun aber vor den zunächst bevorstehenden Zinsterminen solche Feststellungen nicht mehr getroffen werden können, so bestimme ich, daß bis zum Erlasse der Ausführungsbestimmungen Ansprüche auf Befreiung von der Steuer besonderer Anerkennung durch das Finanzamt bedürfen. Es ist also zunächst in allen Fällen die Steuer durch den Schuldner zu entrichten und nachträglich vom Gläubiger (Steuerpflichtigen) bei dem für ihn zuständigen Finanzamt ein Erstattungsantrag unter Mitteilung des Sachverhalts und der Gründe, aus denen Befreiung von der nachweislich gezahlten Steuer beansprucht wird, einzureichen. Der Nachweis, daß die Steuer gezahlt ist, ist durch Vorlegung der Quittung des Finanzamts zu erbringen; in den Fällen, in denen der Schuldner zur Übersendung der Quittung an den Gläubiger nicht verpflichtet ist (Nr. 7 Abs. 7 S. 4) ist eine Erklärung des

Schuldners, daß er die Steuer von dem betreffenden Ertrag abgeführt habe, vorzulegen; bei Erträgen aus Inhaberpapieren (§ 2 Nr. I, 1, 2) ist der Nachweis der gezahlten Steuer durch den Nachweis des Besitzes des Inhaberpapiers zu führen, und zwar durch Vorlegung eines vom Finanzamt mit einem Bestätigungsvermerk versehenen Verzeichnisses, das die Angaben des Nennwerts, der Gattung, des Zinsbetrages und der üblichen Unterscheidungsmerkmale enthält (vgl. Nr. 3 der Verordnung über Maßnahmen gegen die Kapitalflucht vom 24. Oktober 1919, Reichs-Gesetzbl. S. 1820).

Ausnahmen von der in Abs. 2 aufgestellten Regel lasse ich nur für folgende Fälle zu:

a) Sparkassen, Lebens-, Kapital- und Rentenversicherungsunternehmungen, die unter Staatsaufsicht stehenden Hypotheken- und Schiffspfandbriefbanken, öffentlich-rechtliche Kreditanstalten, Kreditgenossenschaften sowie die im § 3 Abs. 1 Nr. 3 Satz 2 bezeichneten Unternehmungen können den Schuldnern der Kapitalerträge der im § 2 Nr. I, 4, 5 bezeichneten Art mitteilen, daß diese Kapitalerträge steuerfrei sind und daher abzugslos auszuzahlen sind;

b) die dem Reiche, den Ländern und Gemeinden (Gemeindeverbänden) auszuzahlenden Kapitalerträge der im § 2 Nr. I, 4, 5 bezeichneten Art sind ohne Abzug der Steuer auszuzahlen;

c) bei Zinsen, Dividenden und sonstigen Gewinnbeträgen der im § 2 Abs. 1 Nr. I, 1, 2 bezeichneten Art, die deshalb befreit sind, weil zur Zeit der Fälligkeit Gläubiger und Schuldner die gleiche Person sind, ist die Steuer nicht abzuführen, im übrigen aber dem zuständigen Finanzamt der Sachverhalt darzulegen.

Steuerfreiheit der vor dem 3. März 1920 eingelösten Zinsscheine, die spätestens am 1. April 1920 fällig werden.

§ 9.

Die Einlösung im Sinne des § 14 Abs. 2 Satz 2 des Gesetzes ist wie die Einlösung im Sinne des § 1 der Verordnung über Maßnahmen gegen die Kapitalflucht vom 24. Oktober 1919 (Reichs-Gesetzbl. S. 1820) zu verstehen. Es gehört also dahin jede Zahlung, gleichviel ob sie in bar oder durch Gutschrift erfolgt, nicht aber Beleihungen oder Vorschußzahlungen.

Wer die Steuerfreiheit von Zinsscheinen auf Grund des § 14 Abs. 2 Satz 2 beansprucht, hat nach Anleitung des Musters 2[1]) bei der Übersendung der Zinsscheine an den Zinsschuldner oder die von diesem mit der Einlösung betraute Stelle eine eidesstattliche Versicherung abzugeben, daß er ausweislich seiner Bücher die namentlich bezeichneten Zinsscheine vor dem 3. März 1920 durch Barzahlung oder Gutschrift eingelöst habe und den Schuldner oder die mit der Einlösung betraute Stelle ermächtige, diese Erklärung dem zuständigen Finanzamt vorzulegen. Die Erklärung ist dem Finanzamt mit einzusenden. Von solchen Zinsscheinen ist eine Steuer nicht abzuführen.

---

[1]) Die Muster sind hier nicht abgedruckt.

Geltendmachung der Steuerfreiheit wegen Fehlens der subjektiven Steuerpflicht.

§ 10.

Sind Kapitalerträge der im § 2 Nr. I, 4, 6 bezeichneten Art um den Steuerbetrag gekürzt worden, ist aber eine Steuerpflicht nicht gegeben, weil der Gläubiger nicht zu den steuerpflichtigen Personen gehört (§ 4 Abs. 4 des Gesetzes), so ist der Erstattungsanspruch bei dem für den Schuldner zuständigen Finanzamt (Nr. 7 Abs. 2 Satz 2) geltend zu machen.

Versteuerung der Habenzinsen.

§ 11.

Die Forderungszinsen (§ 2 Nr. I, 4, 5, 7 und die entsprechenden ausländischen Forderungszinsen) der Unternehmungen, die auf Grund des § 76 des Reichsstempelgesetzes vom 3. Juli 1913 in der Fassung des Gesetzes vom 26. Juli 1918 angemeldet sind, sind steuerfrei; vgl. Nr. 8, wonach diese Unternehmungen ihren Schuldnern mitteilen können, daß ihnen die Kapitalerträge der bezeichneten Art abzugsfrei auszuzahlen sind.

Der im § 3 Abs. 1 Nr. 3 Satz 2 als steuerpflichtig bezeichnete Betrag wird für einen noch näher zu bestimmenden Zeitraum auf Grund einer Steuererklärung der Unternehmungen versteuert. Für die zunächst bevorstehenden Zinstermine kommt er daher noch nicht in Frage.

Die Geldumsatzsteuer wird noch bis zu dem Zeitpunkt erhoben, von dem ab die vergüteten Zinsen (Habenzinsen) der Kapitalertragsteuer unterliegen.

§ 12.

Nach Anleitung des Musters 3[1]) sind für die eingehenden Steuern von jeder Kasse, bei der Kapitalertragsteuer eingezahlt werden kann, Blocks anzulegen.

Die Blocks werden im Durchschreibverfahren geführt. Die Pause ist als Quittung zu verwenden und dem Schuldner, im Falle der Nr. 7 Abs. 8 dem Gläubiger auszuhändigen.

Nach Anleitung des Musters 4[1]) sind Einnahmebücher zu führen. Das zunächst geführte Einnahmebuch ist bis zum Erlasse der Ausführungsbestimmungen fortzuführen.

Berlin, den 31. März 1920.

Der Reichsminister der Finanzen.
In Vertretung:
Moesle.

---

[1]) Die Muster sind hier nicht abgedruckt.

IV. Landessteuergesetz.

Vom 30. März 1920 (RGBl. S. 402).

Die verfassunggebende Deutsche Nationalversammlung hat das folgende Gesetz beschlossen, das mit Zustimmung des Reichsrats hiermit verkündet wird:

I. Landessteuern und Gemeindeabgaben.

§ 1.

Die Länder und Gemeinden (Gemeindeverbände) sind berechtigt, Steuern nach Landesrecht zu erheben, soweit nicht die Reichsverfassung und die gemäß der Reichsverfassung erlassenen reichsrechtlichen Vorschriften entgegenstehen.

§ 2.

Die Inanspruchnahme von Steuern für das Reich schließt die Erhebung gleichartiger Steuern durch die Länder und Gemeinden (Gemeindeverbände) aus, wenn nicht reichsgesetzlich ein anderes vorgeschrieben ist.

Die Erhebung von Zuschlägen zu Reichssteuern ist den Ländern und Gemeinden (Gemeindeverbänden) nur auf Grund reichsgesetzlicher Ermächtigung gestattet.

§ 3.

Landes- und Gemeindesteuern, die die Steuereinnahmen des Reichs zu schädigen geeignet sind, sollen nicht erhoben werden, wenn überwiegende Interessen der Reichsfinanzen entgegenstehen.

§ 4.

Steuerliche Bestimmungen der Länder und Gemeinden (Gemeindeverbände), die die Vorschrift des § 3 verletzen, müssen aufgehoben oder derart abgeändert werden, daß ein Widerspruch mit den Interessen der Reichsfinanzen nicht mehr besteht.

§ 5.

Neue Steuerordnungen der Gemeinden (Gemeindeverbände) sind von den zuständigen Landesbehörden dem Reichsminister der Finanzen oder der von ihm beauftragten Reichsbehörde mitzuteilen. Der Reichsminister der Finanzen und die von ihm beauftragte Reichsbehörde können binnen einem Monat Einspruch erheben, wenn die Ordnungen mit dem Reichsrecht nicht vereinbar oder wenn sie geeignet sind, Reichssteuereinnahmen zu schädigen und überwiegende Interessen der Reichsfinanzen entgegenstehen.

§ 6.

Im Falle von Meinungsverschiedenheiten zwischen dem Reichsminister der Finanzen und einer Landesregierung über die Frage, ob eine landesrechtliche Steuervorschrift mit dem Reichsrecht vereinbar ist, entscheidet auf Antrag des Reichsministers der Finanzen oder der Landesregierung der Reichsfinanzhof. Zuständig ist der große Senat in der im § 46 Abs. 2 Satz 1 der Reichsabgabenordnung vom 13. Dezember 1919 (Reichs-Gesetzbl. S. 1993) vorgesehenen Zusammensetzung. Die näheren Vorschriften bleiben besonderer gesetzlicher Regelung vorbehalten.

Über die Frage, ob Landes- oder Gemeindesteuern geeignet sind, die Steuereinnahmen des Reichs zu schädigen, und ob überwiegende Interessen der Reichsfinanzen der Erhebung der Steuern entgegenstehen, entscheidet auf Antrag des Reichsministers der Finanzen oder der Landesregierung der Reichsrat.

§ 7.

Die Länder und Gemeinden sollen die ihnen zur Verfügung stehenden Steuern nach Maßgabe ihres Steuerbedarfs ausnutzen.

§ 8.

Die Länder erheben Steuern

a) vom Grundvermögen,

b) vom Gewerbebetriebe.

Die Steuern können nach Merkmalen des Wertes, des Ertrags, der Ertragsfähigkeit oder des Umfanges des Grundvermögens oder des Gewerbebetriebs veranlagt werden.

Die Länder können die Ertragsteuern den Gemeinden (Gemeindeverbänden) ganz oder teilweise überlassen.

§ 9.

Die Ertragsteuern dürfen nicht wie Einkommensteuern ausgestaltet werden. Besteuerungsmerkmale, die auf die Berücksichtigung der persönlichen Leistungsfähigkeit des Steuerpflichtigen abzielen, sollen nicht zugrunde gelegt werden.

§ 10.

Steuern vom Grundvermögen und Gewerbebetriebe dürfen nur in dem Lande erhoben wrden, in dessen Gebiete der Grund- und Gebäudebesitz liegt oder eine Betriebsstätte zur Ausübung des stehenden Gewerbes unterhalten wird.

Betriebsstätte im Sinne dieses Gesetzes ist jede feste örtliche Anlage oder Einrichtung, die der Ausübung des Betriebs eines stehenden Gewerbes dient. Außer dem Hauptsitz eines Betriebs gelten hiernach als Betriebsstätten: Zweigniederlassungen, Fabrikationsstätten, Ein- und Verkaufsstellen, Kontore und sonstige zur Ausübung des Gewerbes durch den Unternehmer selbst, dessen Geschäftsteilhaber, Prokuristen oder andere ständige Vertreter unterhaltenen Geschäftseinrichtungen. Als Betriebsstätten gelten auch Bauausführungen, die die Dauer von zwölf Monaten überschreiten.

Befinden sich Betriebsstätten desselben gewerblichen Unternehmens in mehreren Ländern, so darf die Heranziehung in jedem Lande nur anteilig erfolgen.

Der Gewerbebetrieb im Umherziehen einschließlich des Wanderlagerbetriebs darf nur in den Ländern besteuert werden, in deren Gebiete der Betrieb stattfindet oder stattfinden soll.

§ 11.

Wird ein Steuerpflichtiger in mehreren Ländern zu gleichartigen Landes- oder Gemeindesteuern von demselben Steuerobjekte herangezogen, so steht ihm der Antrag auf Verteilung des Steuerobjekts zu. Der Antrag ist innerhalb eines Monats nach Eintritt der Rechtskraft der zweiten oder einer weiteren Veranlagung bei einer der veranlagenden Behörden zu stellen. Über den Antrag entscheidet das Landesfinanzamt, zu dessen Bereiche die veranlagenden Behörden gehören. Wenn die Veranlagungsbehörden zum Bereiche verschiedener Landesfinanzämter gehören, so bestimmt der Reichsminister der Finanzen das zuständige Landesfinanzamt. In dem Bescheide des Landesfinanzamts ist ein Verteilungsplan aufzustellen, wenn die Heranziehung des Steuerobjekts in mehreren Ländern begründet ist. Gegen den Beschluß des Landesfinanzamts steht den Beteiligten binnen einer Frist von zwei Wochen die Beschwerde an den Reichsfinanzhof zu, der im Beschlußverfahren unter entsprechender Anwendung der Vorschriften der Reichsabgabenordnung entscheidet. Durch die Entscheidungen des Landesfinanzamts und des Reichsfinanzhofs können auch die bereits rechtskräftig gewordenen Veranlagungen und früheren Verteilungspläne aufgehoben werden.

§ 12.

Die Gemeinden sind verpflichtet, eine Vergnügungssteuer zu erheben, falls nicht der Gemeindeverband oder das Land, denen die Gemeinde angehört, eine solche Steuer einführt.

§ 13.

Der Reichsrat wird ermächtigt, Bestimmungen über die Vergnügungssteuer zu erlassen, in denen Art und Umfang der Steuerpflicht, die Steuersätze und die sonstigen steuerlichen Befugnisse der Gemeinden geregelt werden. Diese Bestimmungen haben in allen Gemeinden Geltung als Steuerordnung, soweit die Gemeinden nicht mit Genehmigung der Landesregierung oder der von ihr beauftragten Behörden besondere Steuerordnungen im Rahmen der Bestimmungen des Reichsrats erlassen. Steuerordnungen, die zur Zeit des Inkrafttretens der Bestimmungen des Reichsrats in Geltung sind, bedürfen erneuter Beschlußfassung der zuständigen Gemeindevertretungen und Aufsichtsbehörden und treten in Ermangelung solcher nach Ablauf von drei Monaten außer Kraft.

§ 14.

Die Länder sollen darauf Bedacht nehmen, die Bestimmungen über die Veranlagung und Erhebung der Landes- und Gemeindesteuern mit den Vorschriften der Reichsabgabenordnung in Einklang zu bringen.

§ 15.

Die Religionsgesellschaften des öffentlichen Rechtes sind berechtigt, Zuschläge zu den Reichssteuern zu erheben, die an die Stelle der bisherigen Landes- oder Gemeindesteuern getreten sind.

Soweit durch reichsgesetzliche Inanspruchnahme von Steuern Gemeindesteuervorrechte hinsichtlich der Dienstbezüge und Ruhegehälter der nicht im Reichs- oder Staatsdienst stehenden Geistlichen und Kirchenbeamten sowie hinsichtlich der Bezüge ihrer Witwen und Waisen unwirksam werden, bleiben die Anwartschaften der Berechtigten auf

Entschädigung, wie sie im Falle einer landesgesetzlichen Aufhebung begründet gewesen wären, unberührt.

II. Beteiligung der Länder und Gemeinden am Ertrage von Reichssteuern.

1. Allgemeine Bestimmungen.

§ 16.

Durch Reichsgesetz wird bestimmt, ob und in welchem Umfang die Länder einen Anteil an den Einnahmen aus Reichssteuern zu beanspruchen haben. Die Beteiligung der Gemeinden (Gemeindeverbände) an den Überweisungen aus Reichssteuern bestimmt die Landesgesetzgebung unter Beachtung der nachfolgenden Grundsätze.

2. Einkommensteuer.

§ 17.

Die Länder und Gemeinden werden an dem Ertrage der Einkommensteuer und der Körperschaftssteuer mit zwei Dritteln des Aufkommens beteiligt.

§ 18.

Der Anspruch der Länder auf den Steueranteil bemißt sich nach dem örtlichen Aufkommen, das auch den Maßstab für die Beteiligung der Gemeinden an dem ihnen vom Lande überwiesenen Anteil bildet.

§ 19.

Die Länder sind verpflichtet, an ihrem Anteil die Gemeinden unter Beachtung der nachstehenden Grundsätze zu beteiligen.

§ 20.

Der Anspruch der Gemeinde erstreckt sich auf einen Anteil an den Steuerbeträgen

1. der Personen, die in der Gemeinde einen Wohnsitz (§ 62 der Reichsabgabenordnung) haben,
2. der Personen, die in der Gemeinde, ohne dort einen Wohnsitz zu haben, Grundvermögen, Handels- oder gewerbliche Anlagen einschließlich der Bergwerke haben, Handel oder Gewerbe oder außerhalb einer Gewerkschaft Bergbau betreiben, hinsichtlich des ihnen aus diesen Quellen in der Gemeinde zufließenden Einkommens,
3. der nicht physischen Steuerpflichtigen, sofern sie in der Gemeinde Grundvermögen, Handels- oder gewerbliche Anlagen einschließlich der Bergwerke haben oder Handel oder Gewerbe einschließlich des Bergbaues betreiben, hinsichtlich des ihnen aus diesen Quellen in der Gemeinde zufließenden Einkommens. Soweit anderes Einkommen von nicht physischen Personen der Reichssteuer unterliegt, ist diejenige Gemeinde anteilberechtigt, in deren Gebiet sich der Sitz der Verwaltung befindet.

§ 21.

Der Anspruch auf einen Anteil besteht hinsichtlich des Einkommens aus Handel und Gewerbe nur in denjenigen Gemeinden, in denen sich eine Betriebsstätte im Sinne des § 10 dieses Gesetzes befindet.

Der Eisenbahnbetrieb begründet einen Anspruch auf einen Anteil für diejenigen Gemeinden, in denen sich der Sitz der Verwaltung oder einer staatlichen Eisenbahnverwaltungsbehörde, eine Station oder eine für sich bestehende Betriebs- oder Werkstätte oder eine sonstige gewerbliche Anlage befindet. Die Bestimmung für den Eisenbahnbetrieb findet auf den staatlichen Schiffahrtsbetrieb mit der Maßgabe Anwendung, daß an Stelle der Station die Zahlstelle tritt.

Hinsichtlich des Einkommens aus dem nicht mit eigenem Betriebe verbundenen Besitze von Handels- und gewerblichen Anlagen einschließlich der Bergwerke sind dieselben Gemeinden anteilberechtigt wie hinsichtlich des Einkommens aus dem Betriebe.

§ 22.

Sind an einem Steuerbetrage gleichzeitig Wohnsitz- und Belegenheits- (Betriebs-) Gemeinden anteilberechtigt, so wird der Steuerbetrag nach dem Verhältnis des der Besteuerung zugrunde gelegten Einkommens aus Grundbesitz und Gewerbebetrieb zum Gesamteinkommen zerlegt.

Der Wohnsitzgemeinde verbleibt mindestens ein Viertel des Anteils.

Die Länder können bestimmen, daß die Zerlegung unterbleibt und der Anspruch der Belegenheitsgemeinde der Wohnsitzgemeinde zunächst, soweit die Einkommensbeträge, die dem Anspruch der Belegenheitsgemeinde zugrunde liegen, einen Mindestbetrag nicht erreichen.

§ 23.

Bei mehrfachem Wohnsitz wird der Gemeindeanteil auf die Wohnsitzgemeinden nach der Dauer des Aufenthalts verteilt.

Dem Wohnsitz steht im Sinne dieses Gesetzes der Aufenthalt gleich, wenn er innerhalb eines Steuerjahrs die Dauer von drei Monaten übersteigt.

§ 24.

Erstreckt sich eine Gewerbe- oder Bergbauunternehmung über mehrere anteilberechtigte Gemeinden, so erfolgt die Zerlegung des Gemeindeanteils derart, daß der Gemeinde, in der die Leitung des Gesamtbetriebs stattfindet, der zehnte Teil des Gesamtanteils zugewiesen wird und der verbleibende Teil

1. bei Versicherungs-, Bank-, Kredit- und Warenhandelsunternehmungen nach Verhältnis der in den einzelnen Gemeinden erzielten Roheinnahme,
2. in den übrigen Fällen nach Verhältnis der in den einzelnen Gemeinden erwachsenen Ausgaben an Gehältern und Löhnen, jedoch ausschließlich der von dem Gesamtüberschusse berechneten Tantiemen des Verwaltungs- und Betriebspersonals, verteilt wird. Bei Eisenbahnen kommen die Gehälter und Löhne desjenigen Personals, das in der allgemeinen Verwaltung beschäftigt ist, nur mit der Hälfte, des in der Werkstättenverwaltung und im Fahrdienst beschäftigten Personals nur mit zwei Dritteln ihrer Beträge in Ansatz.

Wenn in einzelnen Fällen aus der Anwendung dieser Verteilungsgrundsätze besondere Härten für eine beteiligte Gemeinde oder mehrere Gemeinden sich ergeben, kann dem Verteilungsplan ein anderer Maßstab zugrunde gelegt werden.

Erstreckt sich eine Betriebsstätte im Sinne des § 21, innerhalb deren Ausgaben an Gehältern und Löhnen erwachsen, über den Bezirk mehrerer Gemeinden, so hat die Verteilung nach der Lage der örtlichen Verhältnisse unter Berücksichtigung des Flächenverhältnisses und der in den beteiligten Gemeinden durch das Vorhandensein der Betriebsstätte erwachsenen Kommunallasten zu erfolgen.

§ 25.

Für die Ermittlung der Roheinnahme und der Ausgaben an Löhnen und Gehältern ist das Jahr maßgebend, dessen Ergebnis der Besteuerung zugrunde liegt.

Die Unternehmer sind verpflichtet, der anteilberechtigten Gemeinde auf Anfordern eine Nachweisung der Roheinnahme und der Ausgaben an Löhnen und Gehältern mitzuteilen.

§ 26.

Die Länder können für die Verteilung des Einkommens aus ihrem Grund- und Gewerbevermögen und Gewerbebetriebe (§ 20 Nr. 3) auf die Gemeinden besondere, von vorstehenden Vorschriften abweichende Bestimmungen treffen.

§ 27.

Die Anteile der Länder werden nach denselben Grundsätzen berechnet, die für die Gemeinden gelten.

§ 28.

Steuerbeträge, die nach diesen Grundsätzen nicht von einer Gemeinde oder einem Lande in Anspruch genommen werden können, verbleiben in voller Höhe dem Reiche.

§ 29.

Die Gemeinden (Gemeindeverbände) können für das einzelne Steuerjahr beschließen, daß der ihnen zugewiesene Anteil an der Einkommensteuer ganz oder teilweise unerhoben bleibt. Diese Erlaubnis kann durch Landesgesetz ausgeschlossen oder beschränkt werden. Falls von dem zugewiesenen Anteil nur ein Teilbetrag erhoben wird, muß er in einem gleichmäßigen Prozentsatz für alle Steuerpflichtigen bestehen.

§ 30.

Die Wohnsitzgemeinden (§§ 22, 23) können beschließen, eine Steuer von demjenigen Mindesteinkommen, das von der Einkommensteuer nicht erfaßt wird, zu erheben, soweit dies nicht durch Landesgesetz ausgeschlossen wird. Der nach § 20 Abs. 2 und 4 des Einkommensteuergesetzes bei einem zehntausend Mark nicht übersteigenden Einkommen für die zweite und jede weitere Person steuerfrei bleibende Einkommensteil von siebenhundert Mark bleibt auch von dieser Steuer frei. Die Steuer darf für Personen, die nicht einkommensteuerpflichtig sind, den für die unterste Stufe der Einkommensteuer geltenden Prozentsatz, für einkommensteuerpflichtige Personen den höchsten Prozentsatz nicht übersteigen, mit dem sie zur Einkommensteuer herangezogen sind.

Die nach Abs. 1 von der Wohnsitzgemeinde beschlossene Steuer wird von den Reichsbehörden zusammen mit der Einkommensteuer verwaltet; das Einkommensteuergesetz und die Reichsabgabenordnung finden Anwendung.

§ 31.

Die in den §§ 29, 30 vorgesehenen Beschlüsse der Gemeinden (Gemeindeverbände) sind den Finanzämtern, in deren Bezirken die Gemeinden (Gemeindeverbände) liegen, spätestens bis zum 31. März jeden Jahres mitzuteilen; wird die Frist nicht eingehalten, so bleibt der Beschluß unberücksichtigt.

Gehört eine Gemeinde (Gemeindeverband) zu den Bezirken mehrerer Finanzämter, so bestimmt das Landesfinanzamt, welchem Finanzamt der Beschluß mitzuteilen ist.

§ 32.

Haben mehrere an der Einkommensteuer anteilberechtigte Gemeinden Beschlüsse nach den §§ 29, 30 gefaßt, so trifft der Reichsminister der Finanzen mit Zustimmung des Reichsrats die näheren Bestimmungen über das Verfahren.

§ 33.

Wenn der Anteil eines Landes, auf den Kopf seiner Bevölkerung berechnet, in einem Steuerjahr um mehr als 20 vom Hundert hinter dem Durchschnittssatze zurückbleibt, der von der Summe der Anteile der Länder auf den Kopf der Gesamtbevölkerung entfällt, so ist der Anteil des Landes für dieses Jahr bis zur Erreichung der Grenze von 20 vom Hundert nachträglich aus den dem Reiche verbliebenen Einnahmen an Einkommensteuer zu ergänzen.

Bei der Durchschnittsberechnung werden die Einnahmen aus der Besteuerung des Reichsfiskus mit eingerechnet.

3. Erbschaftssteuer.

§ 34.

Von dem Steueraufkommen auf Grund des Erbschaftssteuergesetzes vom 10. September 1919 (Reichs-Gesetzbl. S. 1543) erhalten die Länder 20 vom Hundert.

§ 35.

Der Anteil jedes Landes wird von den Steuern berechnet, die von den Finanzämtern im Bereiche des Landes veranlagt sind, soweit diese Steuern zur Erhebung gelangen.

Erstreckt sich die Zuständigkeit eines Finanzamts über mehrere Länder, so entscheidet der letzte Wohnsitz und in Ermangelung eines solchen der letzte Aufenthalt des Erblassers, bei der Schenkungssteuer der Wohnsitz oder Aufenthaltsort des Schenkers zur Zeit der Schenkung.

§ 36.

Gehört zur steuerpflichtigen Erbschaftsmasse oder Schenkung Grund- oder Betriebsvermögen, so steht der Anteil an der Steuer von diesen Vermögensstücken dem Lande zu, in dem sie belegen sind.

Für die Verteilung des Anteils unter mehrere anteilberechtigte Länder ist der steuerpflichtige Wert des Grund- oder Betriebsvermögens und der sonstigen Steuerobjekte maßgebend.

4. Grunderwerbsteuer.

§ 37.

Von dem Steueraufkommen auf Grund des Grunderwerbsteuergesetzes vom 12. September 1919 (Reichs-Gesetzbl. S. 1617) erhalten die Länder 50 vom Hundert, mit Ausnahme der gemäß § 10 des Gesetzes erhobenen Steuern, an denen die Länder mit 25 vom Hundert beteiligt werden. Über die Verwendung des Anteils der Länder, insbesondere über eine völlige oder teilweise Überweisung an die Gemeinden (Gemeindeverbände), treffen die Länder Bestimmung.

§ 38.

Jedes Land hat den Anteil von der Grunderwerbsteuer der Grundstücke zu beanspruchen, die innerhalb seines Gebiets belegen sind.

Erstreckt sich ein Grundstück über das Gebiet mehrerer Länder, so wird der Anteil auf die Belegenheitsländer nach dem Verhältnisse des Wertes der Grundstücksteile verteilt. Hinsichtlich der steuerpflichtigen Berechtigungen werden die Anteile in gleicher Weise berechnet.

§ 39.

Gemeinden (Gemeindeverbände), die bereits vor dem 1. Januar 1918 Abgaben der im Grunderwerbsteuergesetze geregelten Art erhoben haben, erhalten bis zum 31. März 1923 eine Sonderzuweisung aus dem in der Gemeinde (Gemeindeverband) aufkommenden Reichsanteil in Höhe von einem Viertel dieses Anteils. Kommen gleichzeitig Gemeinden und Gemeindeverbände in Frage, so bestimmt die Landesgesetzgebung die Unterverteilung.

§ 40.

Die Länder sowie mit deren Genehmigung die Gemeinden und Gemeindeverbände können Zuschläge zur Grunderwerbsteuer für ihre Rechnung erheben. Sie sind befugt, die Zuschläge nach sachlichen Merkmalen der Grundstücke abzustufen, insbesondere unbebaute Grundstücke vorauszubelasten.

Die Zuschläge dürfen zusammen für Land, Gemeinde und Gemeindeverband nicht mehr als 2 vom Hundert des steuerpflichtigen Wertes betragen, wovon höchstens die Hälfte auf das Land entfallen darf. Diese Höchstsätze dürfen auch in den Fällen der Abstufung der Sätze und der Vorausbelastung von Grundstücken nicht überschritten werden.

Soweit das Grunderwerbsteuergesetz Ermäßigungen vorsieht, sind die Zuschläge in gleichem Verhältnis zu ermäßigen.

Für die Verwaltung der Zuschläge gelten dieselben Vorschriften wie für die Reichssteuer.

5. Umsatzsteuer.

§ 41.

Von dem Aufkommen an Umsatzsteuer auf Grund des Gesetzes vom 24. Dezember 1919 (Reichs-Gesetzbl. S. 2157) erhalten die Länder 10 vom Hundert.

§ 42.

Der Gesamtbetrag wird auf die Länder nach Verhältnis der Bevölkerungszahl verteilt. Für die Verteilung ist das Ergebnis der jeweils letzten Volkszählung maßgebend.

§ 43.

Den Gemeinden werden 5 vom Hundert des auf jede Gemeinde entfallenden Aufkommens an Umsatzsteuer, soweit sie von den im § 11 Abs. 1 des Umsatzsteuergesetzes bezeichneten Steuerpflichtigen entrichtet wird, aus dem Reichsanteil überwiesen. Die nach den §§ 4, 19, 20 und 24 des Umsatzsteuergesetzes gewährten Vergütungen werden von dem auf jede Gemeinde entfallenden Aufkommen nach dem Verhältnis der Bevölkerungszahl gekürzt; der Reichsrat erläßt hierüber nähere Bestimmungen. Für die Beteiligung der einzelnen Gemeinden am Aufkommen an Umsatzsteuer findet § 53 der Reichsabgabenordnung entsprechende Anwendung.

Die Vorschrift des Abs. 1 findet keine Anwendung auf die Umsatzsteuern, die die Monopolverwaltungen des Reichs oder zwangswirtschaftliche Unternehmungen, deren Aufgaben sich auf das ganze Reich erstrecken, entrichen. Aus diesen Umsatzsteuern werden 5 vom Hundert den Ländern nach Verhältnis der Bevölkerungszahl zugewiesen. Sie sind von den Landesregierungen nach dem gleichen Verhältnis auf die Gemeinden zu verteilen oder nach Maßgabe eines Landesgesetzes in anderer Weise zugunsten der Gemeinden zu verwenden. Welche Unternehmungen unter diese Vorschrift fallen, entscheidet im Zweifelsfalle der Reichsrat.

Die Vorschrift des § 22 Abs. 2 der Reichsabgabenordnung bleibt unberührt.

6. Verteilungsverfahren.

§ 44.

Soweit die Anteile der Länder und Gemeinden in einer Beteiligung an den Steuerbeträgen nach dem örtlichen Aufkommen bestehen, nimmt das Finanzamt gleichzeitig mit der Veranlagung der Steuer deren Zerlegung in die Anteile der Steuergläubiger vor. Die beteiligten Länder und Gemeinden werden von dem Ergebnis der Zerlegungen benachrichtigt. Sind mehrere Gemeinden anteilberechtigt und liegt ein Beschluß gemäß § 29 oder § 30 vor, so ist auch der Steuerpflichtige zu benachrichtigen; er gilt als beteiligt.

§ 45.

Die Zerlegung in die Anteile der Steuergläubiger kann von den Ländern und Gemeinden binnen einer Frist von drei Monaten seit der Bekanntgabe mit Einspruch bei dem Finanzamt angefochten werden. Die Länder und Gemeinden sind berechtigt, Auskunft sowie Einsicht in die Nachweisungen und Akten des Finanzamts zu verlangen.

Gegen den Einspruchbescheid des Finanzamts steht den Beteiligten binnen einem Monat die Beschwerde an das Landesfinanzamt zu, das endgültig entscheidet, unbeschadet der Vorschriften über den Verteilungsplan.

§ 46.

Sind an einem Steuerbetrage nach den Grundsätzen über das örtliche Aufkommen mehrere Länder oder mehrere Gemeinden zu beteiligen, so hat das für die Veranlagung zuständige Finanzamt einen Verteilungsplan aufzustellen und den Beteiligten mitzuteilen.

Gegen den Verteilungsplan steht den Beteiligten binnen drei Monaten der Einspruch bei dem Finanzamt und gegen den Einspruchbescheid binnen einem Monat die Beschwerde bei dem Landesfinanzamte zu.

Gegen die Entscheidung des Landesfinanzamts findet die weitere Beschwerde bei dem Reichsfinanzhofe statt, der im Beschlußverfahren entscheidet.

§ 47.

Länder und Gemeinden, die bei der Zerlegung des Steuerbetrags nicht berücksichtigt sind, können bei dem für die Veranlagung zuständigen Finanzamt den Antrag auf Aufstellung eines Verteilungsplans stellen. Wird dem Antrag stattgegeben, so bleibt das Anteilverhältnis der übrigen beteiligten Länder und Gemeinden untereinander, soweit es bereits rechtskräftig festgestellt ist, für diese Verteilung maßgebend. Die Ablehnung des Antrags gilt als Einspruchbescheid im Sinne des § 46.

Nach Ablauf eines Jahres seit dem Zeitpunkt, in dem die Veranlagung zur Steuer unanfechtbar geworden ist, können neue Ansprüche auf Zuweisung eines Anteils nicht mehr erhoben werden.

§ 48.

Die Verteilungsbehörden sollen vor jeder Änderung der Anteile alle Beteiligten hören, deren Anteile durch die Änderung berührt werden. Im übrigen finden auf das Verteilungsverfahren die Vorschriften der Reichsabgabenordnung entsprechende

Anwendung, insbesondere auch hinsichtlich der Verpflichtung zur Auskunft, Einsichtgewährung und Erstattung von Gutachten.

§ 49.

Steueranteile der Länder, die nicht nach dem örtlichen Aufkommen zu berechnen sind, werden vom Reichsminister der Finanzen festgestellt. Im Falle von Meinungsverschiedenheiten zwischen dem Reichsminister und einer Landesregierung entscheidet der Reichsrat.

§ 50.

Über Anteilsansprüche der Gemeinden, die sich nicht auf das örtliche Aufkommen gründen, entscheiden die Landesbehörden.

§ 51.

Anträge auf Ergänzung von Anteilen aus Reichsmitteln unterliegen der Beschlußfassung des Reichsministers der Finanzen. Im Falle von Meinungsverschiedenheiten zwischen dem Reichsminister und einer Landesregierung entscheidet der Reichsrat.

III. Lastenverteilung.

§ 52.

Wenn das Reich den Ländern oder den Gemeinden (Gemeindeverbänden) neue Aufgaben zuweist, so soll die Beteiligung des Reichs an den Kosten gesetzlich geregelt werden.

§ 53.

Wenn einzelnen Ländern oder Gemeinden (Gemeindeverbänden) durch Verträge, Gesetze oder Verwaltungsmaßnahmen des Reichs besondere Kosten erwachsen, so wird das Reich entweder die Kosten übernehmen oder angemessene Zuschüsse leisten.

§ 54.

Wenn Länder oder Gemeinden (Gemeindeverbände) Unternehmungen auf kulturellem, wirtschaftlichem oder sozialem Gebiete betreiben, deren Bedeutung sich auf das ganze Reichsgebiet oder auf einen größeren Teil des Reichs über die Grenze des Landes hinaus erstreckt, so wird das Reich im Falle des Bedürfnisses zu den Kosten einen Zuschuß leisten oder die Unternehmung im Einverständnisse mit dem Lande oder den Gemeinden (Gemeindeverbänden) übernehmen. Dasselbe gilt von sonstigen Einrichtungen, deren Kosten allein zu tragen ein Land auch bei völliger Ausschöpfung der eigenen Einnahmequellen außerstande ist.

§ 55.

Die Länder sind gehalten, bis zum 1. April 1921 für einen Lastenausgleich unter ihren Gemeinden und Gemeindeverbänden, insbesondere auf dem Gebiete der Armen-, Schul- und Polizeilasten, zu sorgen.

IV. Übergangs- und Schlußbestimmungen.

§ 56.

Das Reich gewährleistet jedem Lande die Einnahme aus den durch die Einkommensteuer, Körperschaftsteuer, Kapitalertragsteuer und die Erbschaftsteuer ersetzten Steuern des Landes und seiner Gemeinden (Gemeindeverbände) in der bisherigen Höhe.

Der Anteil an der Einkommensteuer muß mindestens das Aufkommen des Steuerjahrs 1919 an den durch die Einkommensteuer, die Körperschaftsteuer und die Kapitalertragsteuer ersetzten Steuern des Landes und seiner Gemeinden (Gemeindeverbände) zuzüglich einer Steigerung von 25 vom Hundert erreichen. Änderungen in der Höhe der Steuer, die von Ländern und Gemeinden (Gemeindeverbänden) nach dem 10. März 1920 beschlossen sind, bleiben außer Ansatz. Der Reichsminister der Finanzen kann auch spätere Erhöhungen berücksichtigen, wenn besondere Billigkeitsgründe vorliegen.

Soweit das Reich Aufgaben übernimmt, die im Rechnungsjahr 1919 den Ländern und den Gemeinden (Gemeindeverbänden) oblagen, oder neue Aufgaben den Ländern oder den Gemeinden (Gemeindeverbänden) überträgt, erfolgt eine entsprechende Änderung des gewährleisteten Betrags. Das gleiche gilt, soweit die seit Beginn des Krieges eingetretenen Fehlbeträge oder Mindereinnahmen bei den Erwerbsunternehmungen der Länder und Gemeinden (Gemeindeverbände), die in dem genannten Jahre durch Erhöhung der Einkommensteuer ausgeglichen werden mußten, wieder in Wegfall kommen.

Soweit bisher in einzelnen Ländern gemeindliche Aufgaben infolge des Bestehens von selbständigen Gutsbezirken oder ähnlichen Gebilden unmittelbar von Privatpersonen erfüllt wurden, ist dies bei der Anwendung der vorstehenden Vorschriften in billiger Weise zu berücksichtigen.

Der Anteil an der Erbschaftssteuer muß mindestens das Aufkommen erreichen, das im Durchschnitt der Rechnungsjahre 1912 bis 1916 von dem Lande an der durch die Erbschaftsteuer ersetzten Steuer erzielt wurde.

Das bisherige Aufkommen an den durch die Einkommensteuer, die Körperschaftsteuer, die Kapitalertragsteuer und die Erbschaftsteuer ersetzten Steuern des Landes und seiner Gemeinden (Gemeindeverbände) wird zusammengerechnet den Anteilen an der Einkommensteuer und der Erbschaftssteuer gegenübergestellt. Diesen Anteilen werden die Überweisungen aus der Umsatzsteuer zugerechnet, soweit sie die Überweisung im Steuerjahr 1919 übersteigen.

§ 57.

Die Grundsätze des § 56 gelten bis zum 1. April 1921 sinngemäß für die Landesgesetzgebung bei der Regelung des Verhältnisses zwischen Ländern und Gemeinden.

§ 58.

Wenn die auf Grund der §§ 17 bis 43 einem Lande zugewiesenen Anteile den gewährleisteten Mindestbetrag in einem Rechnungsjahre nicht erreichen, so hat das Land die Ergänzung der Anteile bei dem Reichsminister der Finanzen zu beantragen.

Kommt eine Verständigung nicht zustande, so entscheidet auf Antrag des Landes der Reichsrat.

§ 59.

Das Reich übernimmt nachstehende, von den Ländern und Gemeinden (Gemeindeverbänden) bishergeleisteten Ausgaben, soweit sie nicht schon vom Reiche erstattet sind:

1. die Mindestsätze der Familienunterstützungen, die von den Ländern, Lieferungsverbänden oder Gemeinden auf Grund der Gesetze vom 28. Februar 1888 (Reichs-Gesetzbl. S. 59) und 4. August 1914 (Reichs-Gesetzbl. S. 332) sowie der Bundesratsverordnungen vom 2. November 1917 (Reichs-Gesetzbl. S. 985) und 28. September 1918 (RGBl. S. 1223) gezahlt sind;
2. die für die Beschaffung der Mittel zur Zahlung der Familienunterstützungen (Nr. 1) aufgewendeten Zinsen, Diskontbeträge und Kosten;
3. die Zuschläge, die von Ländern, Lieferungsverbänden und Gemeinden zu den Mindestsätzen der Familienunterstützungen gezahlt sind, nebst Zinsen, Diskontbeträgen und Kosten;
4. die sonstigen Aufwendungen der Gemeinden, Gemeindeverbände und Länder auf dem Gebiete der Kriegswohlfahrtspflege, soweit sie bisher als beihilfefähig anerkannt sind, nebst Zinsen, Diskontbeträgen und Kosten;
5. die von den Ländern als Beschaffungsbeihilfen für Beamte einschließlich der Lehrer geleisteten Zahlungen, soweit sie den Sätzen der vom Reiche für die Reichsbeamten unter dem 26. August 1919 bewilligten Beschaffungsbeihilfen entsprechen. Die Länder können diesen Beschaffungsbeihilfen andere Teuerungszulagen zurechnen, soweit der Gesamtbetrag ihrer Beschaffungsbeihilfen hinter der Summe zurückbleibt, die bei Anwendung der Grund-

sätze des Reichs über die Beschaffungsbeihilfen zu zahlen gewesen wäre.

In den Fällen des Abs. 1 Nr. 2 bis 4 werden die Zinsen, Diskontbeträge und Kosten nur bis zur Höhe von 4½ vom Hundert der Beträge erstattet, für die die Zinsen, Diskontbeträge und Kosten aufgewendet worden sind.

Das Reich kann die Verpflichtungen aus den vorstehenden Vorschriften auch dadurch erfüllen, daß es die Länder und Gemeinden (Gemeindeverbände) ermächtigt, für Rechnung des Reichs Anleihen bis zur Höhe ihrer Ansprüche aufzunehmen, sofern nach der jeweiligen Lage des Geldmarkts auf diesem Wege günstigere Anleihebedingungen zu erzielen sind.

Die von den Ländern und Gemeinden (Gemeindeverbänden) für Rechnung des Reichs zu vereinbarenden Zins- und sonstigen Anleihebedingungen bedürfen der Zustimmung des Reichsministers der Finanzen. Die dem Reiche obliegende Tilgung dieser Anleihen soll mindestens 1 vom Hundert jährlich zuzüglich der ersparten Zinsen betragen.

Kommt eine Verständigung zwischen dem Reichsminister der Finanzen und der Landesregierung nicht zustande, so entscheidet der Reichsrat.

Die vom Reiche nach Abs. 1 Nr. 3 bis 5 übernommenen Jahreszinsen werden jedem Lande auf den ihm gewährleisteten Anteil an Reichssteuern (§ 56) angerechnet.

§ 60.

Der Reichsminister der Finanzen und die von ihm beauftragte Reichsbehörde sind befugt, von den

Landes- und Gemeindeverbänden Auskunft über die Landes- und Gemeindesteuern sowie zur Durchführung der Lastenverteilung Einsicht in die Haushaltspläne und Jahresrechnungen zu verlangen.

§ 61.

Die in diesem Gesetze vorgesehenen Maßstäbe für die Beteiligung der Länder und Gemeinden am Ertrage von Reichssteuern gelten für die Rechnungsjahre 1920, 1921 und 1922. Kommt eine neue gesetzliche Regelung nicht vor dem 1. April 1923 zustande, so bleiben die Vorschriften dieses Gesetzes bis zur gesetzlichen Änderung in Kraft.

§ 62.

Die Vorschriften der §§ 69 und 71 des Erbschaftssteuergesetzes vom 10. September 1919 (Reichs-Gesetzbl. S. 1543) werden mit Wirkung vom 1. September 1919 ab durch die Vorschriften der §§ 34 bis 36 dieses Gesetzes ersetzt.

Die Vorschriften der §§ 32 bis 34 des Grunderwerbsteuergesetzes vom 12. September 1919 (Reichs-Gesetzbl. S. 1617) werden mit Wirkung vom 1. Oktober 1919 ab durch die Vorschriften der §§ 37 bis 40 dieses Gesetzes ersetzt.

Soweit dieses Gesetz den Ländern und Gemeinden (Gemeindeverbänden) die Befugnis zur Erhebung von Zuschlägen gewährt, kann davon mit rückwirkender Kraft vom 1. Oktober 1919 ab Gebrauch gemacht werden. Nach dem 1. Oktober 1920 darf der Erhebung der Zuschläge rückwirkende Kraft nicht mehr beigelegt werden.

Das Doppelsteuergesetz vom 22. März 1909 (Reichs-Gesetzbl. S. 332), § 14 des Gesetzes über die Errichtung eines Reichsfinanzhofs vom 26. Juli 1918 (Reichs-Gesetzbl. S. 959) werden aufgehoben. Der § 259 Abs. 1 des Gesetzes über das Branntweinmonopol vom 26. Juli 1918 (Reichs-Gesetzbl. S. 887) wird mit Wirkung vom 1. April 1920 ab aufgehoben.

§ 63.

Die Ausführungsbestimmungen zu diesem Gesetz erläßt der Reichsminister der Finanzen mit Zustimmung des Reichsrats.

§ 64.

Dieses Gesetz tritt gleichzeitig mit dem Einkommensteuergesetz in Kraft.

Berlin, den 30. März 1920.

Der Reichspräsident.
Ebert.

Der Reichsminister der Finanzen.
Dr. Wirth.

Sachregister.

(Die Zahlen verweisen auf die Paragraphen; I = Einkommensteuergesetz, II = Körperschaftssteuergesetz, III = Kapitalertragsteuergesetz, IIIa = Vorläufige Vollzugsanweisung, IV = Landessteuergesetz.)

Abrundung des Einkommens bei der Berechnung der Steuer I 19; II 19; — des Steuerbetrags III 6, 15.

Abschreibungen I 13 (1b, c); II 5.

Abzugsfähige Posten I 13, 14; II 5, 6, 7.

Aktiengesellschaften I 7, 8, 9; II 4, 5, 12; III 2, 3, 4.

Aktiengewinn II 6; III 2, 3, 4, 14.

Angestelltenversicherung, Träger der — II 2; III 3.

Anleiheeinnahmen des Reichs II 31; III 16.

Anleihezinsen I 8; II 5; III 2, 4.

Anstalten II 1, 6; — des Reichs, der Länder oder öffentlich-rechtlicher Körperschaften II 2; III 3.

Anteil der Länder und Gemeinden an dem Ertrage der Reichssteuern IV 16ff.; —e an Gesellschaften u. dgl. II 6; III 2, 3, 4, 14.

Arbeitgeber, Steuererklärung für ihre Arbeitnehmer I 40; — Steuereinbehaltung für ihre Arbeitnehmer I 45ff., 58.

Arbeitnehmer, Steuerzahlung durch den Arbeitgeber I 45ff., 58.

Arbeitseinkommen I 2 (II), 5, 9, 23; II 5.

Arbeitslohn I 9, 45ff.; II 15.

Architekten I 9; II 5.

Ärzte I 9; II 5.

Auflösung der Erwerbsgesellschaft II 17, 33.

Aufsichtsratsbezüge I 9; II 5.

Aufwandsentschädigung der Beamten I 34; II 9.

Ausbeuten III 2, 3, 4, 14.

Ausgaben, Betrag der — I 38; II 9; — der Länder usw., Übernahme durch das Reich IV 59.

Auskunfterteilung der Länder und Gemeinden an das Reich IV 60.

Auslandaufenthalt I 2 (I 1).

Ausländer, Steuerpflicht der — I 2 (I 2), 3, 28.

Auslanddeutsche I 2 (I 2), 55.

Ausländische Erwerbsgesellschaften II 1, 15, 18.

Ausführungsbestimmungen I 60; II 32; III 17; IV 63.

Ausschluß von Landes- und Gemeindesteuern durch Reichssteuern IV 2.

Außenstände I 36; II 9.
Ausstattungen, Aussteuern I 12 (1); II 5.

Beamte, Steuerpflicht der — I 2 (I 1), 34, 40; II 9.
Beeinträchtigung der Leistungsfähigkeit des Steuerpflichtigen I 26.
Behörden, Steuererklärung für ihre Beamten I 40.
Bergbautreibende Vereinigungen II 12ff.; III 2, 4, 14.
Bergbauunternehmung, Einkommen aus — I 7, 8, 29, 33; II 5, 9; — Abschreibungen I 13 (1c); II 5.
Berggewerkschaften II 1, 12ff.
Berufsvertretungen und Berufsverbände, Steuerbefreiungen II 2; III 3.
Beschaffungsbeihilfen, Übernahme durch das Reich IV 59.
Beschwerdeverfahren I 44, 58.
Besoldungen I 9, 51; II 5.
Beteiligung der Länder und Gemeinden am Ertrage der Reichssteuern IV 16ff.
Betrag der Einkommensteuer I 21.
Betriebsgewinn, Ermittlung des —s I 32, 33; II 9.
Betriebsjahr als Veranlagungszeitraum I 29, 30.
Betriebsstätte als Grundlage der Gewerbesteuer IV 10, 21, 24.
Bezüge aus öffentlichen Kassen I 2 (II).
Branntweinmonopolgesetz § 259 IV 62.
Buchführung, Abschlüsse der — I 32, 33; II 9.

Deklaration s. Steuererklärung.
Dienstleistungen, Vergütungen für — I 9; II 5.
Diskontbeträge I 8; II 5; III 2, 4.
Dividenden I 8; II 5; III 2, 3, 4, 14.
Doppelbesteuerung in mehreren Ländern IV 11.
Doppelsteuergesetz § 14 IV 62.

Ehefrau, Erwerbstätigkeit der — I 13 (1e), 16, 26; II 5.
Ehegatten, Zusammenrechnung des Einkommens der — I 16; II 5.
Ehrensold bei Kriegsdekoration I 12 (9); II 5.
Einbehaltung von Arbeitslohn I 45ff., 58; II 5.
Einkommen, steuerbares — I 4ff., 31ff., II 3ff., 9.
Einkommensteuer, Beteiligung der Länder und Gemeinden am Ertrage der — IV 17ff., 56; landesrechtliche —n II 34.
Einkommensteuerpflicht, grundsätzliche — I 1; persönliche — I 2, 3.
Einlagen, abzugsfähig bei der Körperschaftssteuer II 6.

Einnahmen, außerordentliche, nicht wiederkehrende — I 25, 59; s. a. Gewinne, Zuwendungen; — aus Reichsanleihen I 56; rückständige — I 36; II 9.
Entlohnung, auf mehrjährige Tätigkeit sich erstreckende — I 23.
Entrichtung der Steuer I 42ff., 58; II 29; III 9.
Entschädigungen I 11, 12 (3, 4, 5); II 5.
Erbanfälle I 12 (1), 35; II 9.
Erbschaften I 12 (1), 35; II 5, 9.
Erbschaftssteuer, Anteil der Länder an der — IV 34ff., 56, 62.
Ermittlung des steuerbaren Einkommens I 31ff.; II 9.
Ertragssteuer vom Grundvermögen oder Gewerbebetrieb IV 8, 9; —n, Abzugsfähigkeit I 13 (1a); II 5.
Erwerbs- und Wirtschaftsgenossenschaften s. Genossenschaften.
Erwerbsgesellschaft I 7; II 5.
Erwerbstätigkeit, Einkommen aus — I 2 (II), 5; II, 5; — der Ehefrau I 13 (1e), 16, 26; II 5.
Erzieherische, **Tätigkeit**, Erwerb aus — I 9; II 5.
Erziehungsaufwendungen I 26.
Fahrten zwischen Arbeitsstätte und Wohnung, Abzugsfähigkeit I 13 (1d), II 5.
Fälligkeit der Steuer I 42ff., 58; II 29; III 10.
Familienunterstützungen, Übernahme durch das Reich IV 59.
Finanzamt, Zuständigkeit III 11.
Forstwirtschaftsbetrieb, Einkommen aus — I 6, 29, 31, 32; II 5, 9; Kapitalerträge aus — III 2, 4.
Freie Berufe I 9; II 5.

Gebäude, Einkommen aus — s. Miete.
Gefälle, Einnahmen aus — I 6; II 5.
Gehälter I 9, 51; II 5.
Geistliche I 34; II 9; IV 15.
Gelehrte I 9; II 5.
Gemeindeabgaben I 28; IV 1ff.
Gemeinden und Gemeindeverbände, Beteiligung am Ertrage der Reichssteuern IV 16ff.; Kapitalerträge der — III 3; — Steuerbefreiung II 2; — Verpflichtung zur Erhebung einer Vergnügungssteuer IV 12.
Gemeindesteuern I 28; IV 1ff.
Gemeiner Wert, Berechnung nach dem — III 6.
Gemeinnützige Einrichtungen II 2, 6, 10; III 3.

Genossenschaften II 4; Kapitalerträge der — III 3; — Steuerbefreiungen II 6; III 3; Anteile an — I 8, II 5; III 2, 4, 14; — Vergütungen für Aufsichtsratsstellen I 9; II 5.
Genußscheine, Erträge aus — II 6; III 2, 3, 4, 14.
Geschäftsjahr als Veranlagungszeitraum II 20ff.
Geschäftsgewinn, Ermittlung des —s I 32, 33; II 9.
Gesellschaften m. b. H. II 4, 12ff.; III 2, 3, 4; Anteile an — I 8; II 5; — Vergütungen und Aufsichtsratsstellen I 9; II 5.
Gesellschafter I 7; II 5, 6.
Gesellschaftsanteile III 2, 4, 14.
Gewährleistung der Einnahme der Länder durch das Reich IV 56; — der Gemeinden durch die Länder IV 57.
Gewerbebetrieb, Einkommen aus — I 2 (II), 5, 7, 10, 29, 31, 33; II 1, 4, 5, 9. Kapitalerträge aus — III 2, 4; — im Umherziehen, Besteuerung IV 10.
Gewerbesteuer der Länder und Gemeinden IV 8ff., 24ff.
Gewinnanteile I 7, 8; II 5, 6.
Gewinne aus Aktien, Kuxen, Genußscheinen usw. I 8; II 5; III 2, 3, 4, 14; — aus Lotterien und Veräußerungsgeschäften I 11, 12 (12 und 13), 22, 35; II 5, 9.
Gläubiger, Träger der Kapitalertragssteuer III 7, 8; — Entrichtung der Steuer und Haftung für die Steuer III 9.
Gratifikationen I 9, 51; II 5.
Grundbesitz, Einkommen aus — I 2 (II), 5, 6, 10, 31, 32; II 1, 4, 5, 9.
Grunderwerbssteuer, Anteil der Länder an der — IV 37ff., 62.
Grund- und Stammkapital II 12, 13, 16, 17, 24, 33.
Grundrechte, Einnahmen aus — I 6; II 5.
Grundschuldzinsen III 2, 4.
Grundstücksveräußerung, Gewinne aus — I 12 (13); II 5.
Grundvermögensteuer der Länder IV 8ff.
Gütergemeinschaft, Einkommen bei — I 18.

Haftung für die Kapitalertragssteuer III 9.
Handelsgesellschaft, offene — I 7, 8; II 5.
Haushaltsausgaben I 15; II 5.
Haushaltungsvorstand, Zusammenrechnung des Einkommens des —s mit dem der Kinder I 17; — Vergünstigung nach der Zahl der Haushaltsangehörigen I 20.

Hilfskassen, Steuerbefreiungen II 2.
Hinterziehung der Steuer s. Steuerstrafen.
Hochschulen, Steuerbefreiungen II 2; III 3.
Hypothekenzinsen I 8; II 5; III 2, 4.

Ingenieure I 9.
Inkrafttreten des Kapitalertragsteuergesetzes III 18.
Invaliden- und Hinterbliebenenversicherung, Träger der — II 2; III 3.
Juristische Personen II 1.

Kapitalabfindungen I 12 (3, 4, 5); II 5.
Kapitalerträge, steuerbare III 2, 4, 14; Steuerbefreiungen von —n III 3, 14, 16.
Kapitalertragsteuer III 1ff., IIIa; Abzug der — III 5; Anrechnung der — I 44, 52.
Kapitalvermögen, Einkommen aus — I 5, 8, 10; II 4, 5.
Kapitalversicherungen, Empfänge aus — I 12 (2); II 5.
Kassen, öffentliche, Bezüge aus — I 2 (II), 34; II 9.
Kinder, Zusammenrechnung des Einkommens der — mit dem des Haushaltungsvorstandes I 17.
Kolonialgesellschaften, Anteile an — I 8; II 5, 12ff.; III 2, 4, 14.
Kommanditgesellschaft auf Aktien I 7, 9; II 5, 6.
Körperschaftssteuer II 1ff.
Körperverletzung, Berücksichtigung von — I 26.
Kirchenkassen, Kapitalerträge der — III 3; — Steuerbefreiungen II 6; III 3.
Krankenversicherung, Bezüge aus — I 12 (10); II 5; Träger der — II 2; III 3.
Krankheit, Berücksichtigung von — I 26.
Kreditanstalten und Kreditgenossenschaften, Kapitalerträge der — III 3.
Kriegsabgabe und Einkommensteuer I 54.
Kriegsanleihezinsen III 3.
Kriegsbeschädigtenrenten I 12 (6, 7); II 5.
Kriegswohlfahrtspflege, Übernahme durch das Reich IV 59.
Künstlerische Tätigkeit, Erwerb aus — I 9; II 5.
Kuxe, Gewinne aus — I 8; II 5, 6; III 2, 3, 4, 14.

Länder, Beteiligung am Ertrage der Reichssteuern IV 16ff.; Kapitalerträge der — III 3; — Steuerbefreiung II 2.
Landesrechtliche Einkommensteuern II 34.
Landessteuern IV 1ff.
Landwirtschaftsbetrieb, Einkommen aus — I 6, 29, 31, 32; II 5, 9; III 2, 4.

Lastenverteilung zwischen Reich, Ländern und Gemeinden IV 52ff.
Lebensversicherungen, Kapitalempfänge aus — I 12 (2); II 5.
Lehrer I 9, 34; II 5, 9.
Leibrenten, Leibgedinge I 11; II 5.
Leistungsfähigkeit, Berücksichtigung verminderter — I 26.
Löhne I 9, 45ff.; II 5.
Lotteriegewinne I 11; II 5.

Mehrjährige Tätigkeit, Entlohnung für — I 23.
Miete, Einkünfte aus — I 6, 31, 32; II 5, 9.
Mildtätige Einrichtungen II 2, 6, 10; III 3.
Militärpensionen I 12 (6, 7); II 5.
Militärpersonen, Steuerpflicht der — I 2 (I 1), 34; II 9; s. a. Reichswehr Kriegsbeschädigte.
Mitgliederbeiträge I 13 (6,7); II 5, 6.

Naturalbezüge der Wehrmachtangehörigen I 12 (8); II 5.
Natürliche Personen I 1,2 (II).
Nichtdeutsche s. Ausländer.

Öffentliche Kassen, Bezüge aus — 2 (II).

Pacht, Einkünfte aus — I 6 31, 32; II 5, 9.
Pensionsgelder I 9, 51; II 5.
Pensionskassen, Kapitalerträge der — III 3; — Befreiung von der Körperschaftssteuer II 2; Zuwendungen an —, abzugsfähig II 7.
Personenvereinigungen, nicht rechtsfähige — II 1.
Persönliche Steuerpflicht I 1, 2, 3.
Politische Parteien und Vereine, Einkünfte der — II 6.
Professoren I 9; II 5.

Rechnungsjahr und Steuerpflicht I 29, 30.
Rechtsanwälte I 9; II 5.
Reich, Steuerbefreiung II 2; Kapitalerträge des —s III 3, 16.
Reichsabgabenordnung und Landes- und Gemeindesteuern IV 14.
Reichsanleihen I 56; II 31; III 3, 16.
Reichsbank, Steuerbefreiung II 2.
Reichsbankanteile III 2,4,14.
Reichsfinanzhof, Entscheidung durch den — IV 6.
Reichsnotopfer II 33.
Reichsnotzins des Reichsnotopfergesetzes I 14; II 5.
Reichsrat, Entscheidung durch den — IV 6; — Bestimmungen über die Vergnügungssteuer IV 13; Zustimmung des —s bei Gemeindebeschlüssen IV 32.

Reichsstempelgesetz III 3, 18.
Reichsversicherung, Träger der — II 2.
Reichswehrangehörige I 12; II 5.
Reisekosten der Beamten I 34; II 9.
Religionsgesellschaften, Besoldungs-, Ruhegehalts- und Versorgungskassen der — III 3; — Steuerbefreiungen II 6; III 3; Zuschläge der — zu Reichssteuern IV 15.
Renten I 8, 13 (2); II 5; III 2, 4, 13.
Rentner, Vergünstigungen für — I 44, 58.
Ruhegehälter I 9, 51; II 5.

Schädigung der Reichssteuern durch Landes- und Gemeindesteuern IV 3, 4, 6.
Schenkungen I 12 (1), 35; II 5, 9.
Schenkungssteuer, Anteil der Länder an der — IV 34ff., 56, 62.
Schriftstellerische Tätigkeit, Erwerb aus — I 9; II 5.
Schuldner, nicht Träger der Kapitalertragssteuer III 8; — Entrichtung der Steuer und Haftung für die Steuer III 9.
Schuldzinsen s. Zinsen.
Sozialversicherung, Träger der — II 2; III 3.
Sparkassen, Kapitalerträge der — III 3; — Steuerbefreiungen II 6; III 3.
Staatsbanken, Steuerbefreiung II 2.
Stammkapital s. Grundkapital.
Sterbekassen, Steuerbefreiungen II 2.
Steuerbare Kapitalerträge III 1, 2, 4, 14.
Steuerbares Einkommen I 4ff., 31ff., II 3ff., 9.
Steuerbefreiungen I 3; II 2, 14; III 3, 14, 16; IV 30.
Steuerbescheid I 41, 58; II 28; III 10.
Steuerfreier Einkommensteil I 20.
Steuererklärung I 39, 40; II 27, 28.
Steuerkarte I 45ff., 58.
Steuermarken I 45ff., 58.
Steuern, abzugsfähig bei der Körperschaftssteuer II 6, 7; — nicht abzugsfähig II 8; —, ausländische, Abzug von — III 5.
Steuerordnungen der Gemeinden IV 5, 13.
Steuerpflicht s. Einkommensteuerpflicht.
Steuersätze I 19ff.; II 11ff.; III 6, 15.
Steuerschuld, teilweise (nach Monaten) I 43, 58.
Steuerstrafen I 53; II 30ff.; III 12.
Steuertarif I 21; II 12, 13.
Steuerträger der Kapitalertragssteuer III 7, 8.
Stiftungen II 1, 2, 6; III 3.
Stiller Gesellschafter, Einkünfte als — I 3.

Stipendien I 12 (11); II 5.
Strafbestimmungen s. Steuerstrafen.

Tagegelder der Beamten I 34; II 9.
Tantiemen I 7, 9, 51; II 5, 6.
Tarif der Einkommensteuer I 21; — der Körperschaftssteuer II 12, 13.
Teilzahlungen der Steuer I 42, 58; II 34.
Tilgungsrente des Reichsnotopfergesetzes I 14.
Tod des Steuerpflichtigen I 42, 58.

Übergang einer Erwerbsgesellschaft auf eine andere II 17, 33.
Umlagen, abzugsfähig bei der Körperschaftssteuer II 6.
Umsatzsteuer, Anteil der Länder und Gemeinden an der — IV 41ff., 56.
Umsatzsteuergesetz, § 14 und § 36 des —es I 57.
Unfallversicherung, Träger der — II 2; III 3.
Unfallversicherungen, Kapitalempfänge aus — I 12 (2); II 5.
Unglücksfälle, Berücksichtigung von — I 26.
Universitäten, Steuerbefreiungen II 2; III 3.
Unterbilanzen, Berücksichtigung bei der Körperschaftssteuer II 7.
Unterhaltspflicht und Steuervergünstigung I 20, 26; Aufwendungen für eine gesetzliche — I 13 (2); II 5.
Unterrichtstätigkeit, Erwerb aus — I 9; II 5.
Unterstützungen I 2 (II), 12 (11); II 5.
Unterstützungskassen, Steuerbefreiungen II 2; Zuwendungen an —, abzugsfähig II 7.

Veranlagung I 29, 30, 58; II 20ff., 34.
Verbandskassen, Steuerbefreiungen II 6.
Vergnügungssteuer, Verpflichtung der Gemeinden zur Erhebung einer — IV 12; Bestimmungen über die — IV 13.
Vergütungen für Arbeits- und Dienstleistungen I 9; II 5, 6; — persönlich haftender Gesellschafter I 7; II 5.
Verluste bei Veräußerungsgeschäften I 13 (8), 35; II 5, 9.
Vermächtnisse I 12 (1), 35; II 5, 9.
Vermögensanfälle, einmalige — I 12 (1); II 5.
Verschuldung, Berücksichtigung von — I 26.
Versicherungsbeiträge und -prämien I 13 (1a, 3, 4, 5 und Abs. 2); II 5.
Versicherungsprämien, Zinsen auf — III 2, 4.
Versicherungsträger s. Sozialversicherung.

Versicherungsvereine auf Gegenseitigkeit II 4, 6.
Versorgungsgebührnisse I 12 (6, 7); II 5.
Verteilung der Lasten zwischen Reich, Ländern und Gemeinden IV 52ff.; des Steuerobjekts bei mehreren Ländern IV 11, 36, 38; — in mehreren Gemeinden IV 24.
Verteilungsverfahren für die Anteile der Länder und Gemeinden IV 44ff.

Wahlkonsuln, Steuerpflicht der — I 2 (I 1).
Waisenpensionen I 9, 51; II 5.
Waldnutzungen, außerordentliche — I 24.
Warenwerte I 32, 33, 35, 37; II 9.
Wartegelder I 9, 51; II 5.
Wechsel-, Diskontbeträge I 8; II 5.
Werbungskosten I 13 (1); II 5; III 5.
Wert der Erzeugnisse, Waren und Vorräte I 32, 33, 35, 37; II 9.
Wirtschaftliche Verhältnisse, Berücksichtigung besonderer — I 26.
Wirtschaftsjahr als Veranlagungszeitraum I 29, 30; II 20ff.
Wirtschaftsvertretungen und wirtschaftliche Verbände, Steuerbefreiungen II 2.
Wissenschaftliche Tätigkeit, Erwerb aus — I 9; II 5.
Witwen- und Waisenkassen, Steuerbefreiungen II 2.
Witwenpensionen I 9, 51; II 5.
Wohlfahrtskassen, Zuwendungen an —, abzugsfähig II 7.
Wohnsitz, Bedeutung des —es I 2 (I 1).
Wohnsitzgemeinde, Anteil an der Einkommensteuer IV 22, 23, 30, 31.
Wohnungswert als Einkommensteile I 6, 31, 32, 34; II 5, 9.

Zeitpunkt und Zeitraum der Steuerpflicht I 29, 30; II 5.
Zeitrenten I 11; II 5.
Zinsen I 8, 13 (2), 14, 15, 35; II 5, 9; III 2, 3, 4, 5, 14.
Zuschlag bei der Körperschaftssteuer II 12, 13, 15.
Zuschläge der Länder und Gemeinden zu Reichssteuern IV 2, 62; — der Religionsgesellschaften zu Reichssteuern IV 15; — der Länder und Gemeinden zur Grunderwerbssteuer IV 40.
Zuständigkeit des Finanzamts III 11.
Zuwendungen I 11; II 5; — an Unterstützungs-, Wohlfahrts- und Pensionskassen abzugsfähig II 7.
Zweckvermögen II 1, 6.

April 1920

Guttentagsche Sammlung

Deutscher Reichsgesetze
und
Preußischer Gesetze

Textausgaben mit Anmerkungen und Sachregister — Taschenformat — Gebunden in ganz Leinen —

enthält alle wichtigeren Gesetze in absolut zuverlässigen Gesetzestexten und in mustergültiger, gemeinverständlicher Weise erläutert

Das am Schluß befindliche Schlagwortregister wird geneigter Beachtung empfohlen

Der Teuerungszuschlag des Verlages ist in den aufgeführten Preisen enthalten, der 10 prozentige Zuschlag des Sortiments dagegen nicht.

Vereinigung wissenschaftlicher Verleger
Walter de Gruyter & Co.
vormals G. J. Göschen'sche Verlagshandlung — J. Guttentag, Verlagsbuchhandlung — Georg Reimer — Karl J. Trübner — Veit & Comp.
Berlin W 10, Genthiner Straße 38.

in den angeführten Preisen enthalten.

Guttentagsche Sammlung Deutscher Reichsgesetze.

Nr. 9. Sammlung kleinerer strafrechtlicher Reichsgesetze. Von Prof. Dr R. H. Kriegsmann. 3. Aufl. — 1910. 5,85 ℳ

Nr. 10. Das Reichsbeamtengesetz vom 31. März 1873. Von J. Pieper. 2. Aufl. — 1901. 6,50 ℳ
Reichsbeamtengesetz von 1907, siehe Nr. 82.

Nr. 11. Zivilprozeßordnung mit Gerichtsverfassungsgesetz. Von R. Sydow. Fortgeführt von Reichsgerichtsrat L. Busch und Landrichter Dr. Krantz. 15. Aufl. Gr. 8°. 1920. 32,— ℳ

Nr. 12. Strafprozeßordnung und Gerichtsverfassungsgesetz nebst den Gesetzen, betr. die Entschädigung der im Wiederaufnahmeverfahren freigesprochenen Personen und die Entschädigung für unschuldig erlittene Untersuchungshaft. Von Reichs-G.Rat Dr A. Hellweg. 17. Aufl., bearbeitet von Prof. Dr Kohlrausch. — 1918. 5,50 ℳ

Nr. 13. Konkursordnung und Anfechtungsgesetz. Von R. Sydow. Fortgeführt von L. Busch. 12. Aufl. — 1916. 5,45 ℳ

Nr. 14. Gerichtsverfassungsgesetz mit Einführungsgesetz. Herausgegeben von R. Sydow. Fortgeführt von L. Busch. 9. Aufl. — 1905. 2,35 ℳ

Nr. 15. Das Deutsche Gerichtskostengesetz nebst den Gebührenordnungen für Gerichtsvollzieher, Zeugen und Sachverständige. Von R. Sydow. Fortgeführt von Reichsgerichtsrat L. Busch und Amtsrichter Koehler. 10. Aufl. — 1920. 12,— ℳ

Nr. 16. Rechtsanwaltsordnung. Von R. Sydow. 5. Aufl. von Justizrat M. Jacobsohn. Mit Nachtrag, enth. die Bestimmungen vom 22. Mai 1910. — 1907. 1,95 ℳ

Nr. 17. Die Deutsche Gebührenordnung für Rechtsanwälte und das Preußische Gebührengesetz vom 27. IX. / 6. X. 1899.

Guttentagsche Sammlung Deutscher Reichsgesetze.

Von **R. Sydow.** Fortgeführt von **L. Busch. 11. Aufl.** Mit Nachtrag, enth. die Änderungen der Deutschen Gebührenordnung vom 16. Nov. 1916 und 1. April 1918 und der Preuß. Gebührenordnung vom 6. Juli 1918 nebst Tabellen. (Nachtrag apart 80 Pf.) 4,40 M

Nr. **18. Reichsstempelgesetz** vom 3. Juli 1913. (Börsen-, Lotterie-, Frachturkunden-, Fahrkarten-, Kraftfahrzeug-, Tantieme-, Scheck- und Grundstücksübertragungssteuer.) Mit den gesamten Ausführungsbestimmungen. Von Geh. Reg.Rat **P. Loeck. 12. Aufl. — 1914. 8°.** 13,— M
Neue Auflage unter Berücksichtigung der inzwischen ergangenen Abänderungsbestimmungen in Vorbereitung.

Nr. **19.** Die **Seegesetzgebung.** Von Dr **W. E. Knitschky. 5. Aufl.** bearbeitet von Ober-L.G.Rat **O. Rudorff. — 1913.** 11,— M

Nr. **20. Krankenversicherungsgesetz (1883).** Von weil. Dr **E. von Woedtke.** — Neue Fassung **(1911)**, siehe **Nr. 107.**

Nr. **21.** Die **Konsulargesetzgebung.** Von Prof. Dr **Ph. Zorn. 3. Aufl.** von Dr **A. Zorn. — 1911.** 6,50 M

Nr. **22. Patentgesetz.** Nebst Ausführungsbestimmungen, völkerrechtlichen Verträgen und der Patentanwalts-Ordnung. **7. Aufl.** bearbeitet von **R. Lutter,** Geh. Reg.Rat im Kaiserl. Patentamt. **— 1908.** 4,15 M
(Kriegsvorschriften auf dem Gebiete des gewerblichen Rechtsschutzes. Von **R. Lutter. — 1917.** 8°. 2,50 M.)

Nr. **23. Gewerbe-Unfallversicherungsgesetz. (1884.)** Von weil. Dr **E. v. Woedtke.** — Neue Fassung **(1911)**, siehe **Nr. 108.**

Nr. **24. Aktiengesellschaft und Kommanditgesellschaften auf Aktien.** Von Dr **H. Keyßner** und Dr **H. Veit Simon. 6. Aufl.** von Amtsrichter **L. Keyßner. — 1911.** 4,40 M

Nr. **25. Brausteuergesetz** vom 15. Juli 1909. Von Oberzollrevisor **A. Düffe. 2. Aufl. — 1910.** 4,40 M

Nr. **26.** Die Reichsgesetzgebung über **Münz- und Notenbankwesen,** Papiergeld, Prämienpapiere und Reichsschulden. Von Dr **R. Koch. 6. Aufl. — 1910.** 5,25 M

in den angeführten Preisen enthalten.

Guttentagsche Sammlung Deutscher Reichsgesetze.

Nr. 27. **Gesundheitswesen im Deutschen Reich.** Von Dr jur. **C. Goesch** und Dr med. **J. Karsten.** — **1888.** 2,60 *M*

Nr. 28. **Bau-Unfallversicherungsgesetz.** Vom 30. Juni 1900. Von **R. Chrzescinski.** Neue Fassung (1911), siehe Nr. **108.**

Nr. 29. **Erwerbs- und Wirtschaftsgenossenschaften.** Von **L. Parisius** und Dr **H. Crüger. 16. neu bearbeitete Aufl.** von Dr **H. Crüger.** — **1920.** — Im Druck.

Nr. 30. **Invalidenversicherungsgesetz** (1899). Von weil. Dr **E. v. Woedtke.** Neue Fassung (1911), siehe Nr. **109.**

Nr. 31. **Gewerbegerichtsgesetz.** Von Stadtrat **L. Mugdan. 7. Aufl.** bearbeitet von Oberbürgermeister **W. Cuno.** — **1911.** 3,65 *M*

Nr. 32. Reichsgesetz, betr. die **Gesellschaften mit beschränkter Haftung.** Von **L. Parisius** und Dr **H. Crüger. 14. Aufl.** von Dr **H. Crüger.** — **1920.** 7,00 *M*

Nr. 33. **Vereins- und Versammlungsrecht.** Von Dr **E. Ball. 2. Aufl.** von Dr **F. Friedenthal.** — **1907.** 3,65 *M*

Reichs-Vereinsgesetz vom 19. April 1908, siehe Nr. **88.**

Nr. 34. **Die Abzahlungsgeschäfte.** Gesetz vom 16. Mai 1894. **3. Aufl.** von Land-G.Rat Dr **E. Wilke.** — **1910.** 2,10 *M*

Nr. 35. Die **Reichs-Eisenbahngesetzgebung.** Von Kaiserl. Amtsrichter **W. Coermann.** — **1895.** 3,40 *M*. S. auch Nr. **66.**

Nr. 36. Gesetze, betr. die **privatrechtlichen Verhältnisse der Binnenschiffahrt und der Flößerei.** Von Geh. Justizrat **E. Löwe. 5. Aufl.** — **1915.** 5,20 *M*

Nr. 37. Gesetz gegen den **unlauteren Wettbewerb.** Von Justizrat **A. Pinner. 6. Aufl.** — **1912.** 2,35 *M*

Guttentagsche Sammlung Deutscher Reichsgesetze.

Nr. 38/39. **Bürgerliches Gesetzbuch nebst Einführungsgesetz** von Dr **A. Achilles.** In Verbindung mit Prof. Dr **André,** Senatspräsident **Meyer,** Reichs-G.Rat Dr **Strecker,** Staatsrat Dr **v. Unzner.** Herausgegeben von Wirkl. Geh. Ob.J.Rat u. Ober-L.G.Präsident **Greiff. 9.** vermehrte **Aufl. 8°. — 1920. —** Im Druck

Nachtrag: **Bestimmungen über das Erbbaurecht** v. 15. Januar 1919. —,60 *M*

Nr. **40.** Gesetz, betr. die **Pflichten der Kaufleute bei Aufbewahrung fremder Wertpapiere [Depotgesetz].** Von Min.-Dir. **F. Lusensky. 3. Aufl. — 1916.** 3,25 *M*

Nr. **41. Börsengesetz.** Von **Th. Hemptenmacher. 2. Aufl.** von Syndikus **O. Meyer. — 1915.** 5,20 *M*

Nr. **42. Grundbuchordnung** nebst den preuß. Ausf.-Bestimmungen. Von Prof. Dr **O. Fischer. 7. Aufl. — 1920.** 8,— *M*

Nr. **43. Zwangsvollstreckung in das unbewegliche Vermögen** im Reiche und in Preußen. Kosten- und Gebührentabellen. Von Dr **J. Krech** u. Dr **O. Fischer. 8. Aufl.** bearbeitet von Prof. Dr **O. Fischer. — 1916.** 8,90 *M*

Nr. **44.** Das Reichsgesetz über das **Auswanderungswesen.** Von Prof. Dr **F. Stoerk. — 1899.** 3,25 *M*

Nr. **45.** Das **Entmündigungsrecht** mit den für Preußen geltenden Vorschriften nebst Just.-Min.-Verfügung vom 28. Nov. 1899. Von Land-G.Rat Dr **P. Koll. — 1900.** 2,35 *M*

Nr. **46.** Die Gesetze des Reiches und Preußens über die **freiwillige Gerichtsbarkeit.** Von Amts-G.Rat **H. Jastrow. 5. Aufl.** — Vergriffen! — Neue Auflage in Vorbereitung.

Nr. **47.** Das **deutsche Vormundschaftsrecht** und das preuß. Gesetz über die Fürsorgeerziehung Minderjähriger. Von Ober-Verw.G.Rat **M. Schultzenstein** u. Amts-G.Rat Dr **P. Köhne. 2. Aufl. — 1901.** 4,40 *M*

in den angeführten Preisen enthalten.

Guttentagsche Sammlung Deutscher Reichsgesetze.

Nr. 48. Gesetze, betr. den **Drogen-, Gift- und Farbenhandel** außerhalb der Apotheken. Von Dr **J. Broh.** — **1899.** 1,95 ℳ

Nr. 49. Deutsche **Kolonialgesetzgebung.** Von Geh. J.Rat Prof. Dr **Ph. Zorn.** **2. Aufl.** von G.Assessor Dr **Sassen.** — **1913.** 10,40 ℳ

Nr. 50. Der **Viehkauf [Viehgewährschaft] nach dem BGB.** Verordnung betr. die Hauptmängel und Gewährsfristen beim Viehhandel. Von Rechtsanwalt Dr **H. Stölzle** und Königl. Reg.- u. Vet.Rat **H. Weiskopf.** **5. Aufl.** — **1912.** 8,45 ℳ

Nr. 51. **Hypothekenbankgesetz** vom 13. Juli 1899. Von Dr **H. Göppert.** **2. Aufl.** bearbeitet von Geh. Reg.Rat Dr **Seidel.** — **1911.** 3,40 ℳ

Nr. 52. Gesetz, betr. die gemeinsamen **Rechte der Besitzer von Schuldverschreibungen.** Von Dr **H. Göppert.** **2. Aufl.** bearbeitet von Amtsrichter Dr **E. Trendelenburg.** — **1915.** **2,60** ℳ

Nr. 53. **Reichspreßgesetz** vom 7. Mai 1874. Mit **Kommentar** von Bürgermeister **A. Born.** **2. Aufl.** — **1911.** 3,10 ℳ

Nr. 54. Verkehr mit **Nahrungsmitteln, Genußmitteln** und **Gebrauchsgegenständen.** Von Dr **G. Lebbin,** Nahrungsmittelchemiker in Berlin. — **1900.** 3,25 ℳ

Nr. 55. Das Recht der **Beschlagnahme von Lohn- und Gehaltsforderungen.** Von Justizrat **G. Meyer.** **5. Aufl.** — **1914.** 3,90 ℳ

Nr. 56. Gesetz, betr. die **Bekämpfung gemeingefährlicher Krankheiten.** Nebst Ausf.-Bestimmungen. Von Reg.Rat Dr **B. Burkhardt.** — **1900.** 2,10 ℳ

Nr. 57. **See-Unfallversicherungsgesetz (1887).** Von Ober-L.G.Rat Dr **M. Mittelstein.** — **Neue Fassung 1911,** siehe **Nr. 103.**

Guttentagsche Sammlung Deutscher Reichsgesetze.

Nr. 58. **Das Recht der unehelichen Kinder nach dem BGB.** Von Amtsgerichtsrat. **H. Jastrow.** — **1901.** 2,60 ℳ

Nr. 59. Reichsgesetz über die **Beurkundung des Personenstandes und die Eheschließung.** Von Amts-G.Rat Dr **F. Fidler.** **2. Aufl. — 1912.** 3,65 ℳ

Nr. 60. Gesetz, betr. das **Urheberrecht an Werken der Literatur und der Tonkunst.** Von Geh. Ob.J.Rat **O. Lindemann.** **3. Aufl. — 1910.** 2,35 ℳ

Nr. 61. Gesetz über das **Verlagsrecht.** Von Rechtsanwalt Dr **B. Marwitz.** **2. Aufl. — 1911.** 2,60 ℳ

Nr. 62. Gesetz über **private Versicherungsunternehmungen.** Von Reichs-G.Rat **H. Könige.** **2. Aufl. — 1910.** 5,85 ℳ

Nr. 63. **Gesetzestafel des Deutschen Reichsrechts.** Systematisch geordnete Nachweisung des z. Z. geltenden Reichsrechts. Von **H. Bruhns.** **2. Aufl. — 1913.** 5,20 ℳ

Nr. 64. Gesetzsammlung betr. den **Handel mit Drogen und Giften.** Mit Anhang: landesgesetzliche Verordnungen sämtlicher Bundesstaaten. Von Rechtsanwalt **H. Sonnenfeld,** Syndikus der Berliner Drogisten-Innung. **2. Aufl. — 1912.** 5,85 ℳ

Nr. 65. **Das Weingesetz** in der Fassung von 1909. Mit Ausf.-Bestimmungen von Dr **G. Lebbin,** Nahrungsmittelchemiker. **2. Aufl. — 1909.** 3,65 ℳ

Nr. 66. **Die Eisenbahn-Gesetzgebung.** Von **W. Pietsch,** Rechn.Rat im Reichseisenbahnamt. **2. Aufl. — 1913.** 5,20 ℳ

Nr. 67. **Militär-Strafgesetzbuch für das Deutsche Reich.** Von Wirkl. Geh. Kriegsrat Dr **A. Romen** und Kriegsgerichtsrat Dr **C. Rissom.** **3. Aufl. — 1918.** 14,50 ℳ
— — Feldausgabe in 2 Bänden, gebunden 15,— ℳ

Nr. 68. **Das Fleischbeschaugesetz.** Vom 3. Juni 1900. Von Dr **G. Lebbin** u. Dr **G. Baum.** — **1903.** 5,85 ℳ

in den angeführten Preisen enthalten.

Guttentagsche Sammlung Deutscher Reichsgesetze.

Nr. 69. Reichsgesetz über die **Naturalleistungen der bewaffneten Macht im Frieden** nebst den preußischen Bestimmungen. Von Dr **W. v. Hippel.** — **1903.** 2,10 *M*

Nr. 70. Das **Reichs-Haftpflichtgesetz** vom 7. Juni 1871. Von Reg.Rat Dr **G. Eger.** — **1903** Vergriffen.

Nr. 71. Gesetz betr. **Kinderarbeit in gewerblichen Betrieben** vom 30. März 1903. Von Ober-Verw.G.Rat **H. Spangenberg. 2. Aufl.** — **1904.** 2,35 *M*

Nr. 72. **Unfallversicherungsgesetz für Land- und Forstwirtschaft.** (1886). Von weil. Dr **E. v. Woedtke.** Siehe Nr. **108.**

Nr. 73. **Entschädigung für unschuldig erlittene Verhaftung und Bestrafung.** Anhang: Nebengesetze über Schadensersatz. Von Wirkl. Geh. Kriegsrat Dr **A. Romen.** — **1904.** 3,10 *M*

Nr. 74. Die **Kaufmannsgerichte** nebst Ausf.-Bestimmungen. Von Prof. Dr **M. Apt. 3. Aufl.** — **1904.** 3,10 *M*
Siehe auch Nr. **112.**

Nr. 75. Reichsgesetz über die **Konsulargerichtsbarkeit.** Von Rechtsanwalt Dr **A. F. Vorwerk,** Schanghai. **2. Ausgabe,** mit den Schutzgebietsgesetzen. — **1908.** 3,10 *M*

Nr. 76. **Die Rechtshilfe im Verkehr mit den ordentlichen Gerichten** nach deutschem Reichsrecht. Von Landrichter Dr **A. Friedländer.** — **1906.** 2,60 *M*

Nr. 77. **Das Erbschaftssteuergesetz.** Vom 10. September 1919. Von **B. Henckel.** — 1920. Im Druck.

Nr. 78. **Zigarettensteuergesetz.** Vom 3. Juni 1906. Von Reg.Assessor Dr **Cuno.**

Nr. 79. **Die Militärpensionsgesetze** vom 31. Mai 1906 nebst Ausf.-Bestimmungen. Zum Gebrauch für Heer, Marine

Guttentagsche Sammlung Deutscher Reichsgesetze.

und Schutztruppe von Wirkl. Geh. Kriegsrat Dr **A. Romen**

a) I. Teil: **Offizierpensionsgesetz. — 1907.** 4,95 *M*

b) II. Teil: **Mannschaftsversorgungsgesetz** mit Nachtrag, enth. **Kapitalabfindungsgesetz** vom 3. Juli 1916. — **1908,** 4,95 *M*

Militärversorgungsgesetze siehe auch Nr. **136.**

Nr. **80.** Reichsgesetzgebung über **gerichtliche Registerführung.** Von Geh. Ob.J.Rat **O. Lindemann. — 1906.** 4,40 *M*

Nr. **81. Urheberrecht an Werken der bildenden Künste und der Photographie.** Von Rechtsanwalt Dr **L. Fuld. — 1907.** 1,60 *M*

Nr. **82. Reichsbeamtengesetz** vom 18. Mai 1907 mit Ergänzungen von Geh.Rat Prof. Dr **A. Arndt. — 1908.** 4,40 *M*

Nr. **83.** Reichsgesetz über den **Versicherungsvertrag** nebst Einführungsgesetz. Von Dr **P. Hager** und Dr **E. Bruck. 3. verm. u. verb. Aufl. — 1913.** 8,45 *M*

Nr. **84. Sammlung kleinerer privatrechtlicher Reichsgesetze.** Von Ober-L.G.Rat **G. Müller. — 1908.** 9,10 *M*

Nr. **85. Scheckgesetz.** Von Prof. Dr **M. Apt.** Vergriffen. Siehe Nr. **113.**

Nr. **86. Die Auslieferungsverträge des Deutschen Reiches.** Von Landrichter Dr **A. Cohn. — 1908.** 5,85 *M*

Nr. **87.** Gesetz zum **Schutz der Warenbezeichnungen.** Von Geh. Reg.Rat, Mitgl. des Kaiserl. Patentamts Dr **Freund** und Rechtsanwalt **Magnus. 5. Aufl. — 1909.** 5,20 *M*

Nr. **88. Vereinsgesetz** vom 19. April 1908. Von Wirkl. Geh. Kriegsrat Dr **A. Romen.** Mit den **neuen Bestimmungen über Jugendliche und Gewerkschaften. 4. Aufl. — 1916.** 4,55 *M*

Nr. **89. Vogelschutzgesetz** vom 30. Mai 1908 nebst den das Flugwild betr. Bestimmungen der Preuß. Jagdordnung. Von Dr **L. v. Boxberger. — 1909.** 1,60 *M*

in den angeführten Preisen enthalten.

Guttentagsche Sammlung Deutscher Reichsgesetze.

Nr. 90. Die Haager Abkommen über das **Internationale Privatrecht.** Von Dr **G. Bogeng.** — **1908.** 3,25 *M*

Nr. 91. **Eisenbahn-Verkehrsordnung** mit Ausf.-Bestimmungen. Von Reg.Rat Dr **E. Blume.** — **1909.** 3,65 *M*

Nr. 92. Gesetz, betr. den **Verkehr mit Kraftfahrzeugen.** Von Amts-G.Rat **R. Kirchner. 3. Aufl.** — **1915.** 5,85 *M*

Nr. 93. Gesetz über die **Sicherung der Bauforderungen.** Von Justizrat Dr **E. Harnier. 3. Aufl.** — **1912.** 2,35 *M*

Nr. 94. **Haftpflicht der Reichs- und Staatsbeamten** von Dr **H. Delius. 2. Aufl.**, mit dem Gesetz über Haftung des Reichs für Beamte vom 22. Mai 1909. — **1909.** Vergriffen.

Nr. 95. Die Berner Übereinkunft über **Internationales Urheberrecht.** Von Geh.Rat Dr **H. Dungs.** — **1910.** 1,60 *M*

Nr. 96. **Branntweinsteuergesetz** vom 15. Juli 1909 mit den für das Reich erlassenen Ausf.-Bestimmungen und Kriegsverordnungen. **2. Aufl.**, bearbeitet von Reg.Assessor Dr **K. Kniebe**, Hilfsarbeiter im Reichsamt d. Innern. — **1916.** 5,20 *M*

Branntweinmonopolgesetz siehe Nr. **131 a.**

Nr. 97. **Schutzgebietsgesetz** nebst dem G. über die Konsulargerichtsbarkeit sowie den Ausf.-Bestimmungen. Von **J. Gerstmeyer**, Wirkl. Legationsrat. — **1910.** 4,40 *M*

Nr. 98. **Sechs Haager Abkommen** über **Internationales Privatrecht.** Von Geh. Ob.Reg.Rat Dr **H. Dungs.** — **1910.** 2,35 *M*

Nr. 99. **Die Abkommen der Haager Friedenskonferenz.** Von Dr **H. Wehberg.** — **1910.** Vergriffen.

Neue Auflage unter dem Titel: „**Wehberg, Völkerbundakte**". (Außerhalb der Sammlung.) 7,50 *M*

Nr. 100. Gesetz über den **Absatz von Kalisalzen.** Von Geh. Bergrat **E. Voelkel.** — **1918.** 3,40 *M*

Guttentagsche Sammlung Deutscher Reichsgesetze.

Nr. **101. Zuwachssteuergesetz** vom 14. Februar 1911. Von Geh. Reg.Rat Dr **W. Cuno. — 1911.** 5,20 M

Nr. **102. Urheberrecht an Mustern und Modellen** und Ges. betr. Schutz von **Gebrauchsmustern.** Von Reg.Rat **J. Neuberg,** Mitgl. d. Kaiserl. Patentamts. — **1911.** 3,40 M

Nr. **103. Reichs-Viehseuchengesetz** vom 26. Juni 1909 nebst Ausführungsvorschriften u. dem preuß. Ausführungsgesetz. Von Landrat Dr **W. v. Hippel. 2. Aufl. — 1912.** 6,50 M

Nr. **104. Versicherungsgesetz für Angestellte.** Von Rechtsanwalt **O. Bernstein** u. Dr **J. Kupferberg. 2. Aufl. — 1912.** Vergriffen.

Nr. **105. Das Geldwesen in den deutschen Schutzgebieten.** Von **W. Hintze,** Geh. Sekr. im Reichskolonialamt. — **1912.** 2,90 M

Nr. **106—109. Reichs-Versicherungsordnung nebst Einführungsgesetz.** Herausgegeben unter Mitwirkung von Dr **F. Caspar,** Wirkl. Geh. Rat, Direktor im Reichsamt d. Innern und **A. Spielhagen,** Geh. Ob.Reg.Rat, vortr. Rat im Reichsamt d. Innern. **4 Bände.**

Nr. **106.** I., V. u. VI. Buch. **Gemeinsame Vorschriften. — Beziehungen der Versicherungsträger zu einander und zu anderen Verpflichteten. — Verfahren.** Von Dr **K. Lippmann,** Reg.Rat im Reichs-Vers.Amt, Geh. Reg.Rat Dr **L. Laß** und Geh. Reg.Rat **H. Siefart. — 1913.** 8,45 M

Nr. **107.** II. Buch. **Krankenversicherung.** Von Geh.Reg.Rat **H. Siefart** u. Reg.Rat Dr **F. Sitzler. — 1916.** 9,75 M

Nr. **108.** III. Buch. **Unfallversicherung.** Von **A. Radtke,** Geh. Reg.Rat im R.Vers.Amt. — **1913.** 11,— M

Nr. **109.** IV. Buch. **Invaliden- und Hinterbliebenenversicherung.** Von Geh. Ob.Reg.Rat **B. Jaup,** vortr. Rat im Reichsamt d. Innern, und **H. Follmann,** Geh. Reg.Rat im R.Vers.Amt. — **1912.** Mit Nachtrag. 1914—1916. 5,85 M

Nr. **110. Wehrbeitragsgesetz** mit Ausf.-Bestimmungen. Von Wirkl.Geh.Ob.Fin.Rat **A. Fernow. 2. Aufl. — 1913.** 2,90 M

Nr. **111. Reichs- und Staatsangehörigkeitsgesetz.** Von Wirkl. Geh. Kriegsrat Dr **A. Romen. — 1913,** 3,25 M

in den angeführten Preisen enthalten.

Guttentagsche Sammlung Deutscher Reichsgesetze.

Nr. 112. **Kaufmannsgerichtsgesetz** mit Best. des Gewerbegerichtsgesetzes. Von Dr **H. Depène**, Vors. des Kaufmannsgerichts zu Berlin. — **1914.** 3,65 ℳ

Nr. 113. **Postscheckgesetz.** Von Oberpostinspektor **J. Weiland.** — **1914.** Mit Nachtrag **1918.** 2,35 ℳ

Nr. 113a. **Postscheckordnung** mit Ausf.-Bestimmungen. Von **J. Weiland.** — **1914.** Mit Nachtrag **1918.** 2,35 ℳ

Nr. 114. **Waffengebrauch und Festnahmerecht des Militärs.** Von Wirkl. Geh. Kriegsrat Dr **A. Romen** und Kriegsgerichtsrat Dr **C. Rissom.** — **1914.** 2,90 ℳ

Nr. 115. **Das vertragliche Wettbewerbsverbot [Konkurrenzklausel].** Nebst Kommentar zum G. v. 10. Juni 1914. Von Rechtsanwalt Dr **G. Baum.** — **1914.** 4,40 ℳ

Nr. 116. **Kriegs-Zivil- und -Finanzgesetze** vom 4. Aug. 1914 und den dazu erlassenen Verordnungen und Bekanntmachungen. **2. Aufl.** — **1915.** 3,40 ℳ

Nr. 116a. Zweite Folge: **Das Jahr 1915.** — **1916.** Siehe auch Nr. **129.** 2,90 ℳ

Nr. 117. **Darlehnskassengesetz.** Von Rechtsanwalt **Salomon** und Bankvorsteher **Bud.** — **1915.** 2,90 ℳ

Nr. 118. **Militärhinterbliebenengesetz.** Von Rechn.-Rat **Reh.** Mit Nachtrag, enth. das **Kapitalabfindungsgesetz** vom 11. Juli 1916. — **1915.** — (Siehe auch Nr. **136.**) 3,65 ℳ

Nr. 119. **Kriegsleistungsgesetz.** Von Rechtsanwälten J.-Rat **Heilberg** und **Schäffer.** — **1915.** 4,15 ℳ

Nr. 120. **Telegraphenwegegesetz.** Von Postreferendar **Wolf.** — **1916.** 2,35 ℳ

Nr. 121. **Direkte Kriegssteuer.** Gesetze z. Besteuerung der Kriegsgewinne. Von Ob.-Verw.-Gerichtsrat **A. Mrozek.** — **1916.** 5,85 ℳ

Nr. 122. **Gesetz über den Belagerungszustand.** Von Kriegsgerichtsrat Dr **H. Bürschel.** — **1916.** 6,50 ℳ

Nr. 123. **Warenumsatzstempel.** Von Geh. Ober-Justizrat **Lindemann.** — **1916.** 3,25 ℳ

Umsatzsteuergesetz — **1918.** Siehe Nr. **132.** (Gesetz von 1919 in Vorbereitung. — Ausgabe ohne Anmerkung S. 22.)

Guttentagsche Sammlung Deutscher Reichsgesetze.

Nr. 124. **Todeserklärung Kriegsverschollener.** Von Prof. Dr **J. Partsch.** — **1916.** 3,90 ℳ

Nr. 125. Das Gesetz über den **vaterländischen Hilfsdienst.** 3. vermehrte Aufl. — **1917.** 1,50 ℳ

Nr. 126. **Besitzsteuergesetz** mit Ausf.-Bestimmungen. Von Ob.Verw.Gerichtsrat **A. Mrozek.** — **1917.** 6,— ℳ

Nr. 127. Verordnung über die **Geschäftsaufsicht zur Abwendung des Konkurses** vom 14. Dez. 1916. Von Rechtsanwalt **G. Klien,** mit system. Einleitung von Geh. Hofrat Dr **Ernst Jaeger** ord. Prof. a. d. Universität Leipzig. — **1917.** 2,— ℳ

Nr. 128. Gesetz betr. die **Verhaftung u. Aufenthaltsbeschränkung** vom 4. Dez. 1916. Nebst Anhang, betr. Entschädigung unschuldig Verhafteter. Von Wirkl. Geh. Kriegsrat Dr **A. Romen.** — **1917.** 2,50 ℳ

Nr. 129. Kriegsgesetze auf dem Gebiete des **Zivil- und Prozeßrechtes,** für die gerichtliche Praxis zusammengestellt von Amtsrichter Dr **Johannes Fischer.** — **1918.** 4,— ℳ

Nr. 130. **Ersatzlebensmittelverordnung** nebst Ausführ. Vorschr. des Reichs und der wichtigsten Bundesstaaten. Verordnungen über **Schleichhandel, Preistreiberei und Papierhandel.** Von **Heinz Emil Wendel,** Polizeirat in Berlin. — **1918.** 2,— ℳ

Nr. 131 a. **Reichsfinanzgesetzgebung 1918.** Bd. I. **Getränkesteuern** (Bier, Branntwein, Wein, Schaumwein, Limonaden). Von Dr. **G. Mayer.** — **1918.** 6,50 ℳ

Nr. 131 b. **Reichsfinanzgesetzgebung 1918.** Bd. II. **Abgabe vom Einkommen, Umsatz, Kriegsgewinn** usw., **Steuerflucht.** Von Dr. **G. Mayer.** — **1919.** 4,— ℳ

Nr. 132. **Umsatzsteuergesetz** und Ausführungsbestimmungen. Von Geh. Ober-Justizrat **Otto Lindemann,** vortr. Rat im Justizministerium. — **1918.** 5,50 ℳ

Neues Gesetz von 1919 in Vorbereitung.

Nr. 133. **Reichswuchergesetzgebung.** Von Reichsgerichtsrat Dr. **Ad. Lobe.** — **1918.** 6,50 ℳ

Nr. 134. **Die Friedensverträge** Von Dr. **Karl Strupp.** I. **Die Ostfrieden.** — **1918.** 12,— ℳ

Nr. 135. Verordnung über das **Erbbaurecht.** Von Landrichter Dr. **Hermann Günther.** 5,— ℳ

in den angeführten Preisen enthalten.

Guttentagsche Sammlung Deutscher Reichsgesetze.

Nr. **136.** **Militärversorgungsgesetze.** Von Landrichter Dr. **Hermann Günther.** — **1919.** 6,50 *M*

Nr. **137.** **Die neue Verfassung des Deutschen Reiches.** Von Prof. Dr. **A. Arndt.** 6,— *M*

Nr. **138 a.** **Arbeitsverfassung, Arbeitsrecht und Arbeitsschutz.** Von Prof. Dr. **A. Günther.** Im Druck.

Nr. **138 b.** **Betriebsrätegesetz.** Von Prof. Dr. **A. Günther.** Im Druck.

Nr. **139.** **Grunderwerbsteuergesetz.** Von Geh. Ober-Justizrat **Otto Lindemann.** 6,— *M*

Nr. **140.** **Die Siedelungsgesetzgebung im Reich und in Preußen.** Von Geh. Ob.-Justizrat **W. Holzapfel.** Im Druck.

Nr. **141.** **Sozialisierungsgesetze.** Von Rechtsanwalt **Dr. Otto Meier.** Im Druck.

Nr. **142.** **Wirtschaftliche Demobilmachung.** Von Geh. Reg.-Rat Dr. **Gg. Fischbach.** 5,00 *M*

Nr. **143.** **Reichsabgabenordnung** mit Einleitung. Von Rechtsanwalt Dr. **Friedmann.** 9,00 *M*

Nr. **144.** **Versicherungsgesetz für Angestellte.** Von Senatspräsident Dr. **Lippmann.** 12,— *M*

☞ **Die neuen Steuergesetze siehe Seite 31 dieses Verzeichnisses.**

Guttentagsche Sammlung
Preußischer Gesetze.

Text-Ausgaben mit Anmerkungen. Taschenformat.

Nr. 1. Die **Verfassungs-Urkunde** für den Preußischen Staat. Mit Einleitung, vollständigem **Kommentar**. Von Prof. Dr **A. Arndt. 7. Aufl. — 1911.** 5,85 M

Nr. 2. Preußische **Beamten-Gesetzgebung.** Enth. die wichtigsten Beamtengesetze in Preußen. Von **K. Pfafferoth. 5. Aufl. — 1916.** 3,90 M

Nr. 3. **Aufnahme** von **Nottestamenten** durch die bestellten Urkundspersonen. Anweisung mit Musterbeispielen. Von Amts-G.Rat **C. Kurtz. — 1904.** 2,35 M

Nr. 4. **Gebührenordnung** für **Notare** vom **25.** Juli 1910. **5. Aufl.** von Justizrat **Rausnitz. — 1917.** 5,— M

Nr. 5. **Gesetz** vom **24. April 1854 [betr. die außerehel. Schwängerung].** Von Dr **Schulze. — 1873.** 1,— M
Reichs-Recht siehe: Reichsgesetze Nr. **58.**

Nr. 6. Die Preuß. **Ausführungsgesetze und Verordnungen zu den Reichs-Justizgesetzen.** Von **R. Sydow.**
Ersetzt durch Busch-Eylau, Ausführungsgesetze.

Nr. 7. Allg. **Gerichtsordnung** und Preuß. **Konkursordnung.** Von **F. Vierhaus.** Vergriffen.

Nr. 8. **Vormundschaftsordnung.** Von **F. Schultzenstein.**
Reichs-Recht siehe: Reichsgesetze Nr. **47.**

Nr. 9. Die Preußische **Grundbuchgesetzgebung.** Von Prof. Dr **Fischer.** Vergriffen; siehe: Reichsgesetze Nr. **42.**

Nr. **10. Einkommensteuergesetz.** Von Wirkl. Geh. Ob.Finanzrat **A. Fernow. 8. Aufl. — 1913.** Vergriffen! — Neue Auflage nach Verabschiedung des angekündigten Abänderungsgesetzes.

in den angeführten Preisen enthalten.

Guttentagsche Sammlung Preußischer Gesetze.

Nr. 11. **Gewerbesteuergesetz.** Von Wirkl. Geh. Ob. Fin. Rat **A. Fernow.** 6., vermehrte Aufl. — 1915. 6,25 ℳ

Nr. 12. **Allgemeines Berggesetz.** Mit seinen Novellen und Nebengesetzen. 3. Aufl., bearbeitet von den Oberbergräten **Schlüter** und **Hense.** — 1913. 10,40 ℳ

Nr. 13. **Ergänzungssteuergesetz** (Vermögenssteuergesetz). Von Wirkl. Geh. Ob. Fin. Rat **A. Fernow.** 5. Aufl. Mit Nachtrag, enth. Ges. betr. Erhöhung der Zuschläge vom 8. Juli 1916. — 1914. 5,85 ℳ

Nr. 14. **Kommunalabgabengesetz.** Vom 14. Juli 1893 und Ges. wegen Aufhebung direkter Staatssteuern. Von Oberbürgermeister Dr **F. Adickes.** 5. Aufl. bearbeitet von Stadtrat Dr **Woell.** — 1911.

Vergriffen, neue Auflage in Vorbereitung.

Nr. 15. **Die Kreisordnungen** für den Preußischen Staat. Von Land-G. Rat **O. Kolisch.** — 1894. 5,50 ℳ

Nr. 16. **Konzessionierung gewerblicher Anlagen.** Von Geh. Reg. Rat Dr **W. v. Rüdiger.** 2. Aufl. — 1901. 2,60 ℳ

Nr. 17. Preußisches **Gerichtskostengesetz.** Vom 25. Juli 1910. Mit Kostentabellen. Von Kammer-G. Rat Dr **P. Siméon.** 7. Aufl. — 1913. Mit Nachtrag: Abänderungen vom 17. Febr. 1917. 5,85 ℳ

Nr. 18. Preußisches **Stempelsteuergesetz** vom 30. Juni 1909. Mit sämtlichen Ausf.-Bestimmungen. Von **P. Loeck.** 8. Aufl. von Reg. Rat **W. Seyffarth.** — 1914. 11,70 ℳ

Nr. 19. **Das Jagdscheingesetz.** Von Wirkl. Geh. Ob. Reg. Rat **F. Kunze.** 2. Aufl. — 1899. 2,90 ℳ

Nr. 20. **Die preußischen Erbschaftssteuergesetze.** Von Rechn. Rat **U. Hoffmann.** — 1905. 5,20 ℳ

(**Reichs**-Erbschaftssteuergesetz siehe **Reichs**gesetze Nr. 77 und Seite 21.)

Nr. 21. **Gesetz** über die **Handelskammern.** Von Min.-Dir. **F. Lusensky.** 2. Aufl. — 1909. 4,40 ℳ

Guttentagsche Sammlung Preußischer Gesetze.

Nr. 22. Gesetz, betr. **Anstellung und Versorgung der Kommunalbeamten.** Von Dr **W. Ledermann.** 2. **Aufl.,** bearbeitet von Dr **L. Brühl.** — 1914. 3,10 *M*

Nr. 23. **Ausführungsgesetz zum Bürgerlichen Gesetzbuche.** Von Kammer-G.Rat Dr **P. Siméon.** 3. **Aufl.** — 1914. 3,10 *M*

Nr. 24. Die **Hinterlegungsordnung.** (1879) Von Reg.Rat Dr **G. Bartels.** 2. **Aufl.** — 1908. 2,60 *M*
— —, Abänderungsgesetz vom 21. April 1913 siehe Nr. 53.

Nr. 25. **Preußische Kommunalbeamtengesetzgebung.** Von Mag.Assessor Dr **F. Kremski,** Berlin. — 1901. 4,40 *M*

Nr. 26. Gesetze über das **Diensteinkommen der Lehrer und Lehrerinnen, Ruhegehalt und Hinterbliebenenfürsorge.** Tabelle zur Berechnung der Ruhegehalts-, Witwen- und Waisenbezüge. Von Bürgermeister Dr **E. Cremer.** — 1900. 3,40 *M*

Nr. 27. Gesetz, betr. die **Warenhaussteuer.** Von Geh. Ob.Fin.Rat Dr **G. Strutz.** — 1900. 1,95 *M*

Nr. 28. Die **Fürsorgeerziehung Minderjähriger.** Von Geh. Justizrat Dr **P. F. Aschrott.** Mit Ausführungsbestimmungen und allen wichtigeren Ministerialerlassen. 3. **Aufl.** — 1917. 5,— *M*

Nr. 29. Gesetz, betr. **die ärztlichen Ehrengerichte, das Umlagerecht und die Kassen der Aerztekammern.** Von Amts-G.Rat Dr **F. Fidler.** — 1901. 2,35 *M*

Nr. 30. Das **Preußische Staatsschuldbuch** und **Reichsschuldbuch.** Von Wirkl. Geh. Ob.F.Rat **J. Mücke.** — 1902. 2,60 *M*

Nr. 31. **Die geltenden Preußischen Gesindeordnungen. Zwei Bände.** Von Rechtsanwalt **St. Gerhard.**

31 a. Gesindeordnung für die altpreußischen Provinzen vom 8. Nov. 1810, unter Berücksichtigung der Ergänzungsgesetze, der Rechtsverhältnisse der Stellenvermittler und

in den angeführten Preisen enthalten.

Guttentagsche Sammlung Preußischer Gesetze.

Reichsversicherungsordnung, sowie die Gesindeordnungen für Neuvorpommern und Rügen und für die Rheinprovinz. **2. Aufl. — 1914.** 4,40 ℳ

31 b. Gesindeordnungen für Hannover, Schleswig-Holstein, Hessen-Nassau und den Regierungsbezirk Hohenzollern. — **1902.** 3,65 ℳ

Nr. **32.** **Die Städteordnung für die sechs östlichen Provinzen Preußens.** Von Dr **W. Ledermann** u. Dr **L. Brühl. 2. Aufl. — 1913.** 9,75 ℳ

Nr. **33.** **Rentenguts- und Anerbenrechts-Gesetzgebung in Preußen.** Von Land-G.Rat **M. Peltasohn** und Rechtsanwalt **B. Peltasohn. — 1903.** 4,40 ℳ

Nr. **34.** Sammlung der wichtigsten **preußischen Strafgesetze** nebst Ges., betr. polizeil. 'trafverfügungen vom 23. April 1883. Von Geh. Ob.J.Rat. **Lindemann. 2. Aufl. — 1912.** 4,70 ℳ

Nr. **35.** **Geschäftsordnung für Gerichtsvollzieher.** Von **E. Exner. — 1904.** 4,55 ℳ

Nr. **36.** **Polizeiverordnungen in Preußen.** Von Geh. Ob.J.Rat **O. Lindemann. — 2. Aufl. 1912.** 3,40 ℳ

Nr. **37.** Gesetz, betr. **Enteignung von Grundeigentum** vom 11. Juni 1874. Von Ob.L.G.Rat **O. Meyer. 2. Aufl. — 1911.** 3,25 ℳ

Nr. **38.** **Kreis- und Provinzial-Abgabengesetz** vom 23. April 1906. Von Gemeindevorsteher **F. Schmidt. — 1906.** 1,95 ℳ

Nr. **39.** Gesetz, betr. die **Unterhaltung der öffentlichen Volksschulen.** Von Reg.Rat Dr **A. Marcks. — 1906.** 2,90 ℳ

Nr. **40.** **Verwaltungsstrafverfahren** bei Zuwiderhandlungen gegen die Zollgesetze und indirekte Reichs- und Landesabgaben. Von Dr **R. Kappenstein. — 1907.** 5,20 ℳ

Guttentagsche Sammlung Preußischer Gesetze.

Nr. 41. **Die preußischen Jagdpolizeigesetze.** Von Wirkl. Geh. Ob.Reg.Rat **F. Kunze** und Rechtsanwalt **R. Kühnemann.** **2. Aufl. — 1907.** 5,20 *M*

Nr. 42. Die Gesetzgebung über die **Allgemeine Landesverwaltung und Zuständigkeit der Verwaltungs- und Verwaltungsgerichtsbehörden.** Von Dr **K. Friedrichs. — 1908.** 4,40 *M*

Nr. 43. Gesetz, betr. die **Zulassung einer Verschuldungsgrenze** für land- und forstwirtschaftlich benutzte Grundstücke. Von Syndikus Dr **R. Leweck. — 1908.** 3,40 *M*

Nr. 44. **Quellenschutzgesetz** nebst den Ausführungsbestimmungen. Von Geh. Bergrat **E. Voelkel. — 1909.** 1,60 *M*

Nr. 45. **Rechtsverhältnisse der Juden in Preußen.** Von Rechtsanwalt Dr **M. Kollenscher. — 1910.** 3,40 *M*

Nr. 46. Gesetz betr. **Austritt aus der Landeskirche** vom 14. Mai 1873. Von Ger.Assessor **H. Caro. — 1911.** 3,40 *M*

Nr. 47. Gesetz, betr. die **Feuerbestattung.** Von Amts-G.Rat Dr **W. Lohmann. — 1912.** 2,10 *M*

Nr. 48. **Zweckverbandsgesetz für Groß-Berlin** vom 19. Juli 1911 nebst Abdruck des allgemeinen Zweckverbandsgesetzes. Von den Magistratsräten Dr **L. Brühl,** Dr **K. Gordan** und Stadtrat Dr **W. Ledermann. — 1912.** 5,85 *M*

Nr. 49. **Gesetze gegen die Verunstaltung landschaftlich hervorragender Gegenden** mit Ausf.-Anweisungen. Von Reg.Rat **O. Goldschmidt. — 1912.** 3,40 *M*

Nr. 50. **Gesetz, betr. die Anlegung und Veränderung von Straßen und Plätzen in Städten und ländlichen Ortschaften.** Von Oberlandgerichtsrat **O. Meyer. — 1913.** 4,40 *M*

Nr. 51. **Das preußische Disziplinargesetz für die nichtrichterlichen Beamten** und die Privatdozenten. Von Reg.Rat Dr **E. v. Tultzig. — 1914.** 6,25 *M*

in den angeführten Preisen enthalten.

Guttentagsche Sammlung Preußischer Gesetze.

Nr. 52. **Preußisches Wassergesetz** v. 7. April 1913. Von den Rechtsanwälten **G. Wulff** und **F. Herold. — 1913.** 7,15 *M*

Nr. 53. **Hinterlegungsordnung** v. 21. April 1913. Von Landrichter **Hagemann. — 1914** 3,25 *M*

Nr. 54. Gesetz betr. **Anlegung von Sparkassenbeständen in Inhaberpapieren** nebst Ausf.-Verordnung vom 8. Mai 1913. Von Rechtsanwalt **H. Döhring. — 1914.** 2,90 *M*

Nr. 55. **Preußisches Wohnungsgesetz** und **Bürgschaftssicherungsgesetz.** Von Hochschulprofessor Dr. jur. **B. Schmittmann. — 1918.** 6,— *M*

Nr. 56. **Das preußische Tumultschadengesetz.** Von Justizrat Dr **Bruno Friedländer. — 1919.** 1,20 *M*

Nr 57. Gesetz über **Landeskulturbehörden.** Von Geh. Ober-Justizrat **W. Holzapfel.** 7,— *M*

Nr. 58. **Arbeitsnachweis.** Von Magistratsrat **P. Wölbling.** 4,00 *M*

Sonderverzeichnisse über hervorragende Erscheinungen aus den Gebieten des Verwaltungs- und Handelsrechts sowie der genossenschaftlichen Literatur durch jede Buchhandlung und direkt vom Verlage.

in den angeführten Preisen enthalten.

Schlagwort-Register

R. = Nummer der Sammlung Deutscher Reichsgesetze.
P. = Nummer der Sammlung Preußischer Gesetze.
S. = Seite.

Abgabenordnung R. 143.
Abzahlungsgeschäfte R. 84.
Aerztekammern P. 29.
Aerztliche Ehrengerichte P. 29.
Aktienrecht R. 24, 26.
Altersversicherungsgesetz R. 109.
Anerbenrechtsgesetz P. 33.
Anfechtungsgesetz R. 13.
Angestelltenvers.-G. R. 104, S. 21.
Anlegung von Straßen P. 50.
Arbeiterschutzgesetz R. 6, 116a.
Arbeiterversicherungsgesetze R. 20. 23, 28, 57, 106—109, S. 22.
Arbeitsnachweis P. 58.
Arbeitsverfassung R. 138.
Arzneimittel R. 6, 64.
Aufenthaltsbeschränkung, Verhaftung R. 128.
Ausführungsgesetze z. BGB. P. 23, S. 21.
Ausgleichsverordnung R. 127.
Auslieferungsverträge R. 86.
Austritt a. d. Landeskirche P. 46.
Auswanderungsgesetz R. 9, 44.
Automobilgesetz R. 92, 116a.
Bankgesetz R. 26, 116.
Baufluchtengesetz P. 50.
Bauforderungsschutz R. 93.
Bauunfallversicherungsgesetz R. 28, 108.
Beamtengesetze R. 10, 82, 94, P. 2.
Bekämpfung gemeingefährlicher Krankheiten R. 56.
Belagerungszustand R. 114, 122, P. 84.
Berggesetz P. 12.
Beschlagnahme von Lohn- und Gehaltsforderungen R. 55.
Besitzsteuergesetz R. 126, S. 21.
Betriebsrätegesetz R. 138b.
Beurkundung des Personenstandes R. 59.
Bier, Abgabe vom, R. 131a.
Binnenschiffahrtsgesetz R. 36.
Blei- u. zinkh. Gegenstände R. 9.
Börsengesetz R. 41.
Börsensteuergesetz R. 18.
Branntweinmonopolges. R. 131a.
Branntweinsteuer R. 96, 131a.
Brausteuererhebung R. 25.
Bundes- u. Staatsangehörigkeit R. 8, 111.
Bürgerl. Gesetzbuch R. 38/39 S. 22.
Bürgschaftssicherung P. 55.
Chausseegeld P. 34.
Civilprozeßordnung R. 11, S. 21.
Dampfkesselbetrieb R. 6, P. 34.
Darlehnskassengesetz R. 117.
Demobilmachg., wirtsch. R. 142.
Depotgesetz R. 40.
Diensteinkommen der Lehrer u. Lehrerinnen P. 26.
Dienstboten siehe Gesinde.
Disziplinargesetze P. 51.
Drogenhandel R. 48, 64.
Eheschließungsgesetz R. 59.
Einkommensteuergesetz P. 10.
Eisenbahngesetzgebung R. 66, 35.
Eisenbahnverkehrsordnung R. 91.
Elektrizitäts-Diebstahl R. 2.

Enteignung v. Grundeigent. P. 37.
Entmündigungsgesetz R. 45.
Entschädigung freigesprochener Personen R. 12, 73.
— unschuldig Verhafteter und Verurteilter R. 12, 73.
Entziehung elektr. Arbeit R. 2.
Erbbaurecht R. 135, 38/39.
Erbschaftssteuergesetz R. 77, P. 20.
Ergänzungssteuergesetz P. 13.
Ersatzlebensmittel R. 130.
Erwerbs- u. Wirtschaftsgenossenschaften R. 29.
Fahrkartensteuer R. 18.
Farbengesetz R. 9, 48.
Farbenhandel R. 48.
Feingehalt der Gold- u. Silberwaren R. 9.
Feld- u. Forstpolizeigesetz P. 34.
Festnahmerecht d. Militärs R. 114.
Feuerbestattungsgesetz P. 47.
Feuerversicherung P. 34.
Fischereigesetz P. 34.
Fleischbeschaugesetz R. 9, 54, 68.
Flößereigesetz R. 36.
Fluchtlinien-Gesetz P. 50.
Forstdiebstahl P. 34.
Frachturkundensteuer R. 18.
Freiwillige Gerichtsbarkeit R. 46.
Freizügigkeit R. 8.
Friedensverträge R. 134.
Fürsorgeerziehung Minderjähriger R. 47 P. 28.
Gast- u. Schankwirtschaftsgehilfen R. 6.
Gebrauchsgegenstände, Verkehr mit R. 9, 54.
Gebrauchsmusterschutzgesetz R. 9, 84, 102, 116, 116a.
Gebührengesetz, preußisches, für Rechtsanwälte und Gerichtsvollzieher R. 17.
Gebührenordnung für Gerichtsvollzieher R. 15.
Gebührenordnung f. Notare P. 4.
Gebührenordnung für Rechtsanwälte R. 17.
Gebührenordnung für Zeugen und Sachverständige R. 15.
Gehaltsforderungen, Beschlagnahme von R. 55.
Geldwesen d. Kolonien R. 105.
Genehmigung gewerblicher Anlagen P. 16.
Genossenschaftsgesetz R. 29.
Genußmittel, Verkehr mit R. 9, 54.
Gerichtsbarkeit, freiwillige R. 46.
Gerichtskostengesetz, deutsches R. 15.
Gerichtskostengesetz, preußisches P. 17.
Gerichtsordnung, preußische P. 7.
Gerichtsverfassungsgesetz R. 14, 11, 12, S. 21.
Gerichtsvollzieher-Gebührenordnung R. 15.
Geschäftsaufsicht zur Abwendung des Konkurses R. 116, 127.
Geschäftsordnung für Gerichtsvollzieher P. 35.
Gesellschaften mit beschränkter Haftung R. 32, S. 31.
Gesetzbuch, Bürgerliches R. 38/39 S. 22.
Gesetzestafel d. deutschen Reichsrechts R. 63.
Gesindedienstpflichten P. 34.

Gesindeordnungen, preußische P. 31 a, 31 b.
Gesundheitswesen R. 27.
Getränkesteuer R. 131 a.
Getreidebeschlagnahme R. 116.
Gewerbebetrieb im Umherziehen R. 6, P. 34.
Gewerbegerichte R. 31, 112.
Gewerbeordnung R. 6.
Gewerbesteuergesetz, preuß. P. 11.
Gewerbeunfallversicherung R. 23.
Gewerkschaften, Gewerkvereine, Vereins- u. Versammlungsrecht R. 88.
Gifthandel R. 48, 64.
Gold- u. Silberwaren-Feingehalt R. 9.
Grundbuchordnung R. 42.
Grundbuchgesetzgebung, preußische P. 9.
Grundeigentum, Enteignung v. P. 37.
Grunderwerbsteuer R. 139.
Haager Friedenskonferenz R. 99.
Haftpflichtgesetz R. 70, 94.
Handelsgesetzbuch R. 4, E. 22.
Handelskammergesetz P. 21.
Handfeuerwaffen R. 9.
Handwerkergesetz R. 6.
Hilfsdienst, Vaterländ. R. 125.
Hilfskassen, eingeschr. R. 20.
Hinterlegungsordnung P. 24, 53.
Hinterbliebenenversicherung R. 109, E. 21.
Höchstpreise R. 116.
Hypothekenbankgesetz R. 51.
Jagdpolizeigesetz P. 34, 41.
Jagdscheingesetz P. 19. 34,
Inhaberpapiere m. Prämien R. 9.
Innere Unruhen R. 114.
Internat. Privatrecht R. 90, 98.
Invalidenversicherung R. 30, 109, E. 21.
Kaligesetz R. 100.
Kapitalabfindungsges. R. 79b, 118
Kaufleute, Pflichten bei Aufbewahrung v. Wertpapier. R. 40.
Kaufmannsgerichte R. 112.
Kiautschou-Gebiet, militärische Strafrechtspflege im R. 3.
Kinder, Recht d. unehel. R. 58.
—, Unterbringung verwahrloster R. 47, P. 28.
Kinderarbeit, gewerbl. R. 2, 71.
Kinderschutzgesetz R. 71.
Kohlensteuer E. 22.
Kolonialgesetzgebung R. 49, 105.
Kommunalabgabengesetz P. 14.
Kommunalbeamtengesetz P. 22.
Kommunalbeamtenrecht P. 25.
Konkurrenzklausel R. 115.
Konkursordn. R. 13, 127, E. 22.
Konkursordnung, preuß. P. 7.
Konsulargerichtsbarkeit R. 75.
Konsulargesetzgebung R. 21, 75.
Konzessionierung gewerbl. Anlagen P. 16.
Kraftfahrzeuge R. 18, 92, 116 a.
Krankenversicherungsgesetz R. 20, 107, E. 21.
Kreisabgabengesetz P. 38.
Kreisordnungen P. 15.
Kriegsgewinn R. 121, 131 b, E. 22.
Kriegsleistungsgesetz R. 119.
Kriegssteuergesetze E. 22.
Kriegsteilnehmer R. 116, 116 a.

Kriegsverschollenen-Todeserklärung R. 124.
Kriegs-Zivil-, Prozeß- u. Finanzgesetze R. 116, 116a, 129.
Kunstschutzgesetz R. 81.
Ladenschluß R. 6.
Landeskirche P. 46.
Landeskulturbehörden P. 57.
Landestrauer P. 34.
Landesverwaltungsgesetz P. 42.
Lehrergehalts- und Pensionsgesetze P. 26.
Limonaden R. 131a.
Literaturschutz R. 60, 95.
Lohnforderungen, Beschlagnahme von R. 55.
Lotteriespiel P. 34.
Mannschaftsversorgungsgesetz R. 79 b.
Margarinegesetz R. 9, 54.
Medizinalgesetzgebung R. 27.
Militärhinterbliebenenges. R. 118.
Militärpensionsgesetze R. 79.
Militärische Geheimnisse, Verrat R. 9, 84.
Militärstrafgerichtsordnung R. 3, S. 21.
Militärstrafgesetzbuch R. 67, S. 22.
Militärversorgungsgesetze R. 136.
Minderjährige, Fürsorgeerziehung für R. 47, P. 28.
Mineraliengewinnung und Aneignung P. 34.
Mineralwässer R. 131a.
Mobiliar-Feuerversich. P. 34.
Modellschutzgesetzgebung R. 9, 102.
Münzwesen R. 26, 116, 116a.
Musterschutzgesetz R. 9, 102.
Nahrungsmittel R. 9, 54, 65, 130.
Naturalleistung f. d. bewaffnete Macht R. 69.
Notare, Gebührenordnung für preußische P. 4.
Notenbankwesen R. 26.
Nottestament P. 3.
Offizierpensionsgesetz R. 79 a.
Papierhandel R. 130.
Patentgesetz R. 9, 22, 116, 116a.
Personenstandsgesetz R. 2, 9, 59.
Pensionsgesetze R. 10, 79, P. 2, 26.
Photographieschutz R. 9, 81.
Polizeiverordn. in Preußen P. 36.
Postgesetze R. 7.
Postscheckgesetz R. 113.
Postscheckordnung R. 85, 113 a.
Preistreiberei R. 130.
Preßgesetz R. 9, 53.
Preußische Verfassung P. 1.
Privatbeamtenvers.-Ges. R. 104. S. 21.
Privatrechtl. Reichsges. R. 84, 90.
Provinzialabgabengesetz P. 38.
Quellenschutzgesetz P. 44.
Rayongesetz R. 84.
Reblausgesetz R. 84, P. 34.
Rechte der Besitzer von Schuldverschreibungen R. 52.
Rechtsanw.-Gebührenord. R. 17.
Rechtsanwaltsordnung R. 16.
Rechtshilfe R. 76.
Rechtsverhältnisse d. Juden P. 45.
Registerführung, gerichtl. R. 80.
Reichsbeamtengesetz R. 10, 82.
Reichseisenbahngesetzg.: R. 35, 66.
Reichserbschaftssteuer R. 77.
Reichsfinanzgesetze R. 131, S. 22.

Schlagwort-Register. (R. = Reichsgesetz, P. = preuß. Gesetz.)

Reichsgewerbeordnung R. 6.
Reichsgrundbuchordnung R. 42.
Reichs-Justizgesetze R. 11, 12, 13.
Reichskassenscheine R. 9. 116.
Reichsmilitärgesetz R. 84.
Reichspreßgesetz R. 53.
Reichsschuldbuch P. 30.
Reichsseuchengesetz R. 9, 56.
Reichssiedelungsgesetz R. 140.
Reichsstempelgesetz R. 18.
Reichsverfassung R. 1, 137, S. 22.
Reichsviehseuchenges. R. 103.
Reichsversicherungsordnung R. 106—109, S. 22.
Reichswuchergesetzgebung R. 133.
Rentengutsgesetze P. 33.
Rinderpest R. 9.
Saccharingesetz R. 9, 54.
Schadensersatz an unschuldig Verhaftete u. Verurteilte R. 73.
Schaumwein R. 131a.
Scheckgesetz R. 85. 113.
Schlachthäuser P. 34.
Schlachtviehgesetz R. 9, 54, 68.
Schleichhandel R. 130.
Schonzeit des Wildes P. 34.
Schuldverschreibungsgesetz R. 52.
Schulunterhaltungsgesetz P. 39.
Schutzgebietsgesetz R. 75, 97, 105.
Schutzhaftgesetz R. 128.
Schutztruppe, Strafverfahren R. 3, Pension R. 79.
Schwängerung, außereheliche R. 58, P. 5.
Seegesetzgebung R. 19.
Seerecht siehe HGB. Text.
See-Unfallversich.-G. R. 57, 108.
Seuchengesetz R. 56.
Siedelungsgesetzgebung R. 140.
Sklavenhandel R. 9.
Sozialisierungsgesetze R. 141.
Sozialpolitische Gesetze R. 20, 23, 28, 30, 57, 72, 104, 106 bis 109, 116, 116a.
Sparkassengesetz P. 54.
Spionagegesetz R. 67.
Sprengstoffgesetz R. 2, 9.
Staatsangehörigkeit, Erwerb u. Verlust R. 8, 111.
Staatsschuldbuch P. 30.
Staatssteuern, Gesetz betr. Aufhebung direkter P. 14.
Städteordnung für die 6 östlichen Provinzen P. 32.
Stempelsteuerges. f. Preuß. P. 18.
Stempelsteuerg. f. d. Reich R. 18.
Steuerflucht R. 131b.
Steuergesetze R. 5, 18, 25, P. 10, 11, 13, 14, 18, 20, 27, S. 31.
Strafgesetzbuch R. 2, S. 22.
Strafgesetze, preußische P. 34.
Strafprozeßordnung R. 12, S. 22.
Strafrechtliche RG. R. 9.
Straßen- u. Baufluchtenges. P. 50.
Subhastationsgesetz R. 43.
Süßstoffe, künstliche R. 9, 54, 64.
Tantiemensteuer R. 18.
Telegraphengesetze R. 7.
Telegraphenwegegesetz R. 120.
Testamentsrecht P. 3.
Todeserklärung Kriegsverschollener R. 124.
Tumultschadengesetz P. 56.
Umsatzsteuer R. 121b, 132.
Uneheliche Kinder R. 58.
Unfallversicherungsgesetze R. 23, 28, 57, 72, 108, S. 21.

Schlagwort-Register. (R. = Reichsgesetz. P. = preuß. Gesetz.)

Unlauterer Wettbewerb R. 37.
Unterbringung verwahrloster Kinder R. 47, P. 28.
Unterhaltg. d. Volksschulen P. 39
Unterstützungswohnsitz R. 8.
Urheberrechtsgesetze R. 9, 60, 22, 81, 95 102.

Vereinsgesetz R. 88.
Vereins- u. Versammlungsrecht R. 33, 88, P. 34,
Verfälschung v. Nahrungsmitteln R. 54, Wein R. 65.
Verfassung, Reich R. 1, 137, S. 22.
Verfassung, preußische P. 1.
Verhaftung und Aufenthaltsbeschränkung R. 128.
Verkehrsabgaben P. 34.
Verkehrs- u. Kohlensteuer, Kriegssteuerzuschlag S. 22.
Verlagsrecht R. 61.
Vermögenssteuergesetz P. 13.
Verrat militär. Geheimnisse R. 2, 9, 67.
Verschuldungsgrenze P. 43.
Versicherungsvertrag R. 83.
Versicherungsunternehmungen, private R. 62.
Versorgung der Kommunalbeamten P. 22.
Verunstaltung landschaftlich hervorragender Gegenden P. 49.
Verwaltungsstrafverfahren P. 40.
Verwendung gesundheitsschädlicher Farben, Nahrungsmittel, Wein R. 54, 65, 130.
Viehkauf (Viehgewährschaft) und Viehhandel R. 50.
Viehseuchengesetz R. 84, 103.
Vogelschutzgesetz R. 89.
Volksernährung R. 116, 116a.
Vormundschaftsordnung, preußische P. 8.
Vormundschaftsrecht, Deutsches R. 47.

Waffengebrauch R. 114.
Wald- und Wassergenossenschaft P. 34.
Wandergewerbebetrieb P. 34.
Warenzeichenrecht R. 9, 87, 116, 116a.
Warenhaussteuergesetz P. 27.
Warenumsatzstempel R. 18, 123.
Wassergesetz P. 52.
Wechselordnung R. 5, S. 22.
Wechselstempelsteuergesetz R. 5.
Wehrbeitragsgesetz R. 110, S. 22.
Weingesetz R. 9, 54, 64, 65, 131a.
Wertpapiere, Depotgesetz R. 40.
Wettbewerb, Bekämpfung unlauteren R. 37.
Wettbewerbsverbot R. 115.
Wild-Schonzeit P. 34.
Wirtschaftliche Maßnahmen aus Anlaß des Krieges R. 116, 116a.
Wohnungsgesetz P. 55.
Wuchergesetz R. 2, 133.

Zeugengebühr R. 15.
Zigarettensteuergesetz R. 78.
Zivilprozeßordnung R. 11, S. 22.
Zuständigkeitsgesetz P. 42.
Zuwachssteuergesetz S. 22, R. 101.
Zwangserziehung R. 47.
Zwangsversteigerung an Immobilien R. 43.
Zwangsvollstreckungsgesetz R. 43.
Zweckverbands-Gesetz P. 48.

 4. IV 1920 13400.

FSC
www.fsc.org
MIX
Papier | Fördert
gute Waldnutzung
FSC® C083411

Kolibri 360 GmbH
Ferdinand-Jühlke-Straße 7
99095 Erfurt, Deutschland
produktsicherheit@kolibri360.de